LE DROIT

DU

SEIGNEUR,

COMÉDIE EN VERS,

PAR M. DE VOLTAIRE:

Repréſentée pour la premiere fois, ſous le titre de l'Ecueil du Sage, par les Comédiens François Ordinaires du Roi, le 18 Janvier 1762.

Le prix eſt de trente ſols.

À GENÈVE,

CHEZ LES FRERES ASSOCIÉS.

M. DCC LXIII.

ACTEURS.

Le Marquis du CARRAGE.

Le Chevalier GERNANCE.

LE BAILLIF.

MATHURIN, Fermier.

DIGNANT, ancien Domeſtique.

ACANTE, élevée chez Dignant.

BERTHE, ſeconde femme de Dignant.

DORMENE.

COLETTE.

CHAMPAGNE.

DOMESTIQUES.

Les deux premiers Aĉtes ſe paſſent ſous les arbres du Village. Les trois derniers dans le Veſtibule du Château.

La Scene eſt ſuppoſée en Picardie, & l'aĉtion du tems de Henri II.

LE DROIT

DU

SEIGNEUR,

COMEDIE.

ACTE PREMIER.

SCENE PREMIERE.

MATHURIN, LE BAILLIF.

MATHURIN.

Coutez-moi, Monsieur le Magister ;
Vous sçavez tout, du moins vous avez l'air
De tout sçavoir ; car vous lisez sans cesse
Dans l'Almanach. D'où vient que ma maî-
tresse
S'appelle Acante, & n'a point d'autre nom ?
D'où vient cela ?

LE BAILLIF.

Plaifante queftion !
Eh que t'importe ?

MATHURIN.

Oh ! cela me tourmente,
J'ai mes raifons.

LE BAILLIF.

Elle s'appelle Acante.
C'eft un beau nom ; il vient du Grec *Antos* ;
Que les Latins ont depuis nommé *Flos.*
Flos fe traduit par fleur, & ta future
Eft une fleur que la belle Nature,
Pour la cueillir, façonna de fa main ;
Elle fera l'honneur de ton jardin.
Qu'importe un nom ? chaque pere, à fa guife,
Donne des noms aux enfans qu'on baptife.
Acante a pris fon nom de fon parrein,
Comme le tien te nomma Mathurin.

MATHURIN.

Acante vient du Grec ?

LE BAILLIF.

Chofe certaine.

MATHURIN.

Et Mathurin, d'où vient-il?

LE BAILLIF

Ah ! qu'il vienne

De Picardie ou d'Artois : un favant
A ces noms-là s'arrête rarement.
Tu n'as point de nom, toi, ce n'eft qu'aux Belles
D'en avoir un ; car il faut parler d'elles.

MATHURIN.

Je ne fais, mais ce nom Grec me déplait.
Maître, je veux qu'on foit ce que l'on eft.
Ma maîtreffe eft Villageoife, & je gage
Que ce nom-là n'eft pas de mon village.
Acante, foit. Son vieux pere Dignant
Semble accorder fa fille en rechignant ;
Et cette fille, avant d'être ma femme,
Parait auffi rechigner dans fon ame.
Oui, cette Acante, en un mo·, cette fleur,
Si je l'en crois, me fait beaucoup d'honneur.
De fuppofer que Mathurin la cueille.
Elle eft hautaine, & dans foi fe recueille,
Me parle peu, fait de moi peu de cas ;
Et quand je parle, elle n'écoute pas :
Et n'eût été Berthe fa belle mere,
Qui, haut la main, régente fon vieux pere,
Ce mariage, en mon chef réfolu,
N'auroit été, je crois, jamais conclu.

LE BAILLIF.

Il l'eft enfin : & , de maniere exacte,
Chez fes parens je t'en drefferai l'acte ;
Car fi je fuis le Magifter d'ici,
Je fuis Baillif, je fuis Notaire auffi ;
Et je fuis prêt, dans mes trois caracteres,
A te fervir dans toutes tes affaires.
Que veux-tu ? Dis.

MATHURIN.

Je veux qu'inceſſamment
On me marie.

LE BAILLIF.

Ah ! vous êtes preſſant.

MATHURIN.

Et très preſſé.——voyez-vous ? l'âge avance.
J'ai dans ma ferme acquis beaucoup d'aiſance ;
J'ai travaillé vingt ans pour vivre heuteux ,
Mais l'être ſeul ! — Il vaut mieux l'être deux.
Il faut ſe marier avant qu'on meure.

LE BAILLIF.

C'eſt très-bien dit : Et quand donc ?

MATHURIN.

Tout à l'heure.

LE BAILLIF.

Oui ; mais Colette à votre Sacrement,
Mons Mathurin , peut mettre empêchement.
Elle vous aime avec quelque tendreſſe ,
Vous & vos biens ; elle eut de vous promeſſe
De l'épouſer.

MATHURIN.

Oh ! bien, je dépromets.
Je veux , pour moi, m'arranger déſormais ;
Car je ſuis riche , & coq de mon village.
Colette veut m'avoir par mariage,

Et moi je veux du conjugal lien
Pour mon plaisir, & non pas pour le sien.
Je n'aime plus Colette : c'est Acante,
Entendez-vous ? qui seule ici me tente.
Entendez-vous, Magister trop rétif ?

LE BAILLIF.

Oui, j'entends bien : vous êtes trop hâtif ;
Et pour signer vous devriez attendre
Que Monseigneur daignât ici se rendre ;
Il vient demain, ne faites rien sans lui.

MATHURIN.

C'est pour cela que j'épouse aujourd'hui.

LE BAILLIF.

Comment ?

MATHURIN.

Eh ! oui, ma tête est peu sçavante,
Mais on connoît la coutume impudente
De nos Seigneurs de ce canton Picard.
C'est bien assez qu'à nos biens on ait part,
Sans en avoir encore à nos Epouses.
Des Mathurins les têtes sont jalouses.
J'aimerois mieux demeurer vieux garçon,
Que d'être Epoux avec cette façon.
Le vilain Droit !

LE BAILLIF.

Mais, il est fort honnête.
Il est permis de parler tête à tête
A sa Sujette, afin de la tourner
A son devoir, & de l'endoctriner.

MATHURIN.

Je n'aime point qu'un jeune homme endoctrine
Cette disciple à qui je me destine ;
Cela me fâche.

LE BAILLIF.

Acante a trop d'honneur
Pour se fâcher. C'est le Droit du Seigneur ;
Et c'est à nous, en personnes discrettes,
A nous soumettre aux loix qu'on nous a faites.

MATHURIN.

D'où vient ce Droit ;

LE BAILLIF.

Ah ! depuis bien long-tems
S'est établi : ça vient du Droit des gens.

MATHURIN.

Mais, sur ce pied, dans toutes les familles
Chacun pourroit endoctriner les filles.

LE BAILLIF.

Oh ! point du tout.... C'est une invention
Qu'on inventa pour les gens d'un grand nom ;
Car, vois-tu bien ? autrefois les ancêtres
De Monseigneur s'étoient rendus les maîtres
De nos ayeux, regnoient sur nos hameaux.

MATHURIN.

Quais ! Nos ayeux étoient donc de grands sots.

LE BAILLIF.

Pas plus que toi, les Seigneurs du Village
Devoient avoir un Droit de vaffelage.

MATHURIN.

Pourquoi cela? Sommes-nous pas paitris
D'un feul limon, de lait comme eux nourris?
N'avons-nous pas omme eux des bras, des jambes?
Et mieux tournés, & plus forts, plus ingambes?
Une cervelle avec quoi nous penfons
Beaucoup mieux qu'eux, car nous les attrapons?
Sommes-nous pas cent contre un? ça m'étonne
De voir toujours qu'une feule perfonne
Commande en maître à tous fes compagnons,
Comme un Berger fait tondre fes moutons.
Quand je fuis feul, à tout cela je penfe
Profondément. Je vois notre naiffance
Et notre mort, à la Ville, au Hameau,
Se reffembler comme deux gouttes d'eau.
Pourquoi la vie eft-elle différente?
Je n'en vois pas la raifon; ça tourmente.
Les Mathurins & les Godelureaux,
Et les Baillifs, ma foi, font tous égaux.

LE BAILLIF.

C'eft très bien dit, Mathurin: mais je gage,
Si tes valets te tenoient ce langage,
Qu'un nerf de bœuf appliqué fur le dos
Réfuteroit puiffamment leurs propos.
Tu les ferois rentrer vîte a leur place.

MATHURIN.

Oui, vous avez raifon; ça m'embarraffe;

Oui, ça pourrait me donner du souci.
Mais, palsembleu, vous m'avoûrez aussi,
Que quand chez moi mon valet se marie,
C'est pour lui seul, non pour ma Seigneurie,
Qu'à sa moitié moi je ne prétends rien,
Et que chacun doit jouïr de son bien.

LE BAILLIF.

Si les petits à leurs femmes se tiennent,
Compere, aux Grands les nôtres appartiennent.
Que ton esprit est bas, sourd & brutal!
Tu n'as pas lû le code féodal.

MATHURIN.

Féodal ! Qu'est-ce?

LE BAILLIF.

           Il tient son origine
Du mot *fides*, de la langue Latine:
C'est comme qui diroit......

MATHURIN.

            Sais-tu qu'avec
Ton vieux Latin & ton ennuyeux Grec,
Si tu me dis des sottises pareilles,
Je pourrai bien frotter tes deux oreilles?
   [*Il menace le Baillif qui parle toujours en reculant,*
& Mathurin court après lui.]

LE BAILLIF.

Je suis Baillif, ne t'en avise pas:
Fides veut dire *foi*: conviens-tu pas
Que tu dois foi, que tu dois plein hommage

A Monſeigneur le Marquis du Carrage ?
Que tu lui dois dîmes, champart, argent ?
Que tu lui dois . . . . .

MATHURIN.

Baillif *outre-cuidant* ,

Oui je dois tout ; j'en enrage dans l'ame ;
Mais palſandié , je ne dois point ma femme,
Maudit Baillif !

LE BAILLIF , *en s'en allant.*

Va , nous ſçavons la loi ;
Nous aurons bien ta femme ici ſans toi .

SCENE II.

MATHURIN *ſeul* ,

CHien de Baillif ! que ton Latin m'irrite !
Ah ! ſans Latin marions-nous bien-vîte ?
Parlons au Pere, à la Fille ſurtout :
Car ce que je veux , moi , j'en viens à bout.
Voilà comme je ſuis ; j'ai dans ma tête
Prétendu faire une fortune honnête :
La voilà faite. Une fille d'ici
Me tracaſſoit, me donnoit du ſouci :
C'étoit Colette, & j'ai vu la friponne
Pour mes écus , muguetter ma perſonne ;
J'ai voulu rompre, & je romps : j'ai l'eſpoir
D'avoir Acante, & je m'en vais la voir,
Car je m'en vais lui parler. Sa maniere

Eſt dédaigneuſe, & ſon allure eſt fiere ;
Moi je le ſuis : & dès que je l'aurai,
Tout auſſitôt je vous la réduirai ?
Car je le veux. Allons.....

SCENE III.

MATHURIN, COLETTE.

(*courant après.*)

COLETTE.

JE t'y prends, traître !

MATHURIN, *ſans la regarder.*

Allons.

COLETTE.

Tu feins de ne me pas connoître ?

MATHURIN.

Si fait : .... Bon jour.

COLETTE.

Mathurin, Mathurin !
Tu cauſeras ici plus d'un chagrin.
De tes bons-jours je ſuis fort étonnée ;
Et tes bons-jours valoient mieux l'autre année
C'étoit tantôt un bouquet de jaſmin,
Puis des rubans pour orner ta Bergere ;

Tantôt des vers que tu me faisois faire
Par le Baillif qui n'en entendoit rien ,
Ni toi, ni moi : ... mais tout alloit fort bien :
Tout est passé, lâche ! tu me délaisses ?

MATHURIN.

Oui, mon enfant.

COLETTE.

        Après tant de promesses ,
Tant de bouquets acceptés & rendus ,
C'en est donc fait ? je ne te plais donc plus ?

MATHURIN.

Non , mon enfant.

COLETTE.

        Et pourquoi , misérable ?

MATHURIN.

Mais, je t'aimais ; je n'aime plus. Le Diable
A t'épouser me poussa vivement;
En sens contraire il me pousse à présent;
Il est le maître.

COLETTE.

        Eh ! va , va , ta Colette
N'est plus si sotte, & sa raison s'est faite.
Le Diable est juste, & tu diras pourquoi
Tu prends les airs de te moquer de moi,
Pour avoir fait à Paris un voyage,
Te voilà donc petit-maître au village ?
Tu penses donc que le droit t'est acquis

D'être en amour fripon comme un Marquis?
C'eſt bien à toi d'avoir l'ame inconſtante !
Toi, Mathurin, me quitter pour Acante ?

MATHURIN.

Oui, mon enfant.

COLETTE.

Et quelle eſt la raiſon ?

MATHURIN.

C'eſt que je ſuis le maître en ma maiſon.
Et pour quelqu'un de notre Picardie
Tu m'as parue un peu trop dégourdie.
Tu m'aurois fait trop d'amis entre nous.
Je n'en veux point, car je ſuis né jaloux.
Acante, enfin, aura la préférence.
La choſe eſt faite. Adieu, prends patience.

COLETTE.

Adieu ! Non pas , traître, je te ſuivrai,
Et contre ton contrat je m'inſcrirai.
Mon pere étoit Procureur : ma famille
A du crédit, & j'en ai, je ſuis fille ;
Et Monſeigneur donne protection,
Quand il le faut, aux filles du canton ;
Et devant lui nous ferons comparoître
Un gros fermier qui fait le petit-maître,
Fait l'inconſtant, ſe mêle d'être un fat.
Je te ferai rentrer dans ton état,
Nous apprendrons à ta mine inſolente,
A te moquer d'une pauvre innocente.

MATHURIN.

Cette innocente eft dangereufe; il faut
Voir le beau-pere, & conclure au plutôt.

SCÈNE IV.

MATHURIN, DIGNANT, ACANTE, COLETTE.

MATHURIN.

ALlons, beau-pere, allons bâcler la chofe.

COLETTE.

Vous ne bâclerez rien, non je m'oppofe
A ces Contrats, à ces noces, à tout.

MATHURIN.

Quelle innocente!

COLETTE.

Oh! tu n'es pas au bout.
Gardez-vous bien, s'il vous plaît, ma voifine;
De vous laiffer engeoler fur fa mine.
Il me trompa quatorze mois entiers.
Chaffez cet homme.

ACANTE.

Helas! très-volontiers.

MATHURIN.

Très-volontiers ! . . . . Tout ce train - là me lasse ;
Je suis têtu ; je veux que tout se passe
A mon plaisir, suivant mes volontés,
Car je suis riche. — Or, beau-pere, écoutez ;
Pour honorer en moi mon mariage,
Je me décrasse, & j'achette au Bailliage
L'emploi brillant de Receveur Royal
Dans le Grenier à Sel ; ça n'est pas mal.
Mon fils sera Conseiller ; & ma fille
Relévera quelque noble famille.
Mes petits fils deviendront Présidens.
De Monseigneur un jour les descendans
Feront leur cour aux miens ; & quand j'y pense,
Je me rengorge, & me quarre d'avance.

DIGNANT.

Quarre-toi bien ; mais songe qu'à présent
On ne peut rien sans le consentement
De Monseigneur ; il est encor ton maître.

MATHURIN.

Et pourquoi ça ?

DIGNANT.

Mais, c'est que ça doit être.
A tous Seigneurs tous honneurs.

COLETTE, *à Mathurin.*

Oui, vilain.
Il t'en cuira, je t'en réponds.

MATHURIN.

MATHURIN.

Voifin,
Notre Baillif t'a donné fa folie.
Eh ! dis-moi-donc , s'il prend en fantaifie
A Monfeigneur d'avoir femme au logis ,
A-t-il befoin dé prendre ton avis ?

DIGNANT.

C'eft différent : je fus fon domeftique
De pere en fils dans cette Terre antique,
Je fuis né pauvre , & je deviens caffé.
Le peu d'argent que j'avois amaffé
Fut emploïé pour élever Acante,
Notre Baillif dit qu'elle eft fort favante ,
Et qu'entre nous fon éducation
Eft au deffus de fa condition.
C'eft ce qui fait que ma feconde époufe ,
Sa belle-mere , eft fâchée & jaloufe ,
Et la maltraite , & me maltraite auffi.
De tout cela je fuis fort en fouci.
Je voudrais bien te donner cette fille ,
Mais je ne puis établir ma famille ,
Sans Monfeigneur. Je vis de fes bontés ,
Je lui dois tout ; j'attends fes volontés.
Sans fon aveu nous ne pouvons rien faire.

ACANTE.

Ah ! croyez-vous qu'il le donne, mon pere ?

COLETTE.

Eh ! bien , fripon , tu crois que tu l'auras ?
Moi je te dis que tu ne l'auras pas.

MATHURIN.

Tout le monde eſt contre moi, ça m'irrite.

SCENE V.

Les Acteurs précédens , Madame BERTHE.

MATHURIN, *à Berthe qui arrive.*

MA belle-mere, arrivez, venez vîte.
Vous n'êtes plus la maitreſſe au logis.
Chacun rebéque , & je vous avertis.
Que ſi la choſe en cet état demeure ,
Si je ne ſuis marié tout à l'heure ,
Je ne le ſerai point, tout eſt fini,
Tout eſt rompu.

BERTHE.

Qui m'a déſobéi ?
Qui contredit , s'il vous plaît , quand j'ordonne ?
Serait-ce vous , mon mari ? vous ?

DIGNANT.

Perſonne ,
Nous n'avons garde ; & Mathurin veut bien
Prendre ma fille à peu près avec rien ;
J'en ſuis content ; & je dois me promettre
Que Monſeigneur daignera le permettre.

BERTHE.

Allez , allez , épargnez-vous ce ſoin ;

C'eſt de moi ſeule ici qu'on a beſoin;
Et quand la choſe une fois ſera faite,
Il faudra bien, ma foi, qu'il le permette.

DIGNANT.

Mais ...

BERTHE.

Mais il faut ſuivre ce que je dis.
Je ne veux plus ſouffrir dans mon logis,
A mes dépens, une fille indolente,
Qui ne fait rien, de rien ne ſe tourmente;
Qui s'imagine avoir de la beauté,
Pour être en droit d'avoir de la fierté.
Mademoiſelle, avec ſa froide mine,
Ne daigne pas aider à la cuiſine;
Elle ſe mire, ajuſte ſon chignon,
Fredonne un air en brodant un jupon,
Ne parle point, & le ſoir en cachette
Lit des Romans que le Baillif lui prête.
Eh! bien, voyez, elle ne répond rien.
Je me repens de lui faire du bien.
Elle eſt muette ainſi qu'une pécore.

MATHURIN.

Ah ! c'eſt tout jeune, & ça n'a pas encore
L'eſprit formé ; ça vient avec le tems.

DIGNANT.

Ma bonne, il faut quelques ménagemens
Pour une fille ; elles ont d'ordinaire
De l'embarras dans cette grande affaire ;
C'eſt modeſtie, & pudeur que cela.
Comme elle, enfin, vous paſſâtes par-là ;
Je m'en ſouviens, vous étiez fort revêche.

B ij

BERTHE.

Eh ! finiſſons. Allons, qu'on ſe dépêche.
Quels ſots propos ! Suivez - moi promptement
Chez le Baillif.

COLETTE.

N'en fais rien, mon enfant.

BERTHE.

Allons, Acante.

ACANTE.

O Ciel ! que dois-je faire !

COLETTE.

Refuſe tout, laiſſe ta belle-mere,
Viens avec moi.

BERTHE.

Quoi donc ! Sans ſourciller.
Mais parlez donc.

ACANTE.

A qui puis-je parler ?

DIGNANT.

Chez le Baillif, ma bonne, allons l'attendre,
Sans la gêner, & laiſſons-lui reprendre
Un peu d'haleine.

ACANTE.

Ah ! croyez que mes ſens

Sont pénétrés de vos soins indu'gens ;
Croyez qu'en tout je diftingue mon pere.

MATHURIN.

Madame Berthe, on ne diftingue guére
Ni vous, ni moi : la Belle a le maintien
Un peu bien fec , mais cela n'y fait rien ;
Et je réponds , dès qu'elle fera nôtre,
Qu'en peu de tems je la rendrai toute autre.

(*Ils fortent.*)

ACANTE.

Ah ! que je fens de trouble & de chagrin !
Me faudra-t-il époufer Mathurin !

SCENE VI.

ACANTE, COLETTE.

COLETTE.

AH ! n'en fais rien , crois-moi , ma chere amie.
Du mariage aurais-tu tant d'envie ?
Tu peux trouver beaucoup mieux: que fait-on ?
Aimerais-tu ce méchant ?

ACANTE.

Mon Dieu non.
Mais , vois-tu bien ? je ne fuis plus foufferte
Dans le logis de la maratre Berthe ;

B iij

Je fuis chaffée , il me faut un abri,
Et par befoin je dois prendre un mari.
C'eft en pleurant que je caufe ta peine.
D'un grand projet j'ai la cervelle pleine.
Mais je ne fçais comment m'y prendre , hélas !
Que devenir ? Dis-moi , ne fçais-tu pas
Si Monfeigneur doit venir dans fes Terres ?

COLETTE.

Nous l'attendons.

ACANTE.

Bientôt ?

COLETTE.

Je ne fçais guéres
Dans mon taudis les nouvelles de Cour.
Mais s'il revient , ce doit être un grand jour.
Il met , dit on , la paix dans les familles.
Il rend juftice, il a grand foin des filles.

ACANTE.

Ah ! s'il pouvoit me protéger ici !

COLETTE.

Je prétends bien qu'il me protége auffi.

ACANTE.

On dit qu'à Metz il a fait des merveilles ,
Qui dans l'Armée ont très-peu de pareilles ;
Que Charles-Quint a loué fa valeur.

COLETTE.

Qu'eſt-ce que Charles-Quint ?

ACANTE.

              Un Empereur
Qui nous a fait bien du mal.

COLETTE.

                Et qu'importe ?
Ne m'en faites pas , vous, & que je ſorte
A' mon honneur du cas triſte où je ſuis.

ACANTE.

Comme le tien , mon cœur eſt plein d'ennuis.
Non loin d'ici , quelquefois on me mene
Dans un Château de la jeune Dormene . . . . .

COLETTE.

Près de nos bois ? . . . . Ah ! le plaiſant Château !
De Mathurin le logis eſt plus beau ;
Et Mathurin eſt bien plus riche qu'elle.

ACANTE.

Oui , je le ſais ; mais cette Demoiſelle
Eſt autre choſe , elle eſt de qualité ;
On la reſpecte avec ſa pauvreté.
Elle a près d'elle une vieille perſonne
Qu'on nomme Laure , & de qui l'ame eſt bonne.
Laure eſt auſſi d'une grande Maiſon.

COLETTE.

Qu'importe encor ?

                        B iv

ACANTE.

Les gens d'un certain nom,
(J'ai remarqué cela , chere Colette ,)
En sçavent plus , ont l'ame autrement faite ;
Ont de l'esprit , des sentimens plus grands ;
Meilleurs que nous.

COLETTE.

Oui , dès leurs premiers ans
Avec grand soin leur ame est façonnée.
La nôtre hélas ! languit , abandonnée.
Comme on apprend à chanter , a danser ,
Les gens du monde apprennent à penser.

ACANTE.

Cette Dormene & cette vieille Dame
Semblent donner quelque chose à mon ame.
Je crois en valoir mieux quand je les voi ;
J'ai de l'orgueil & je ne sçais pourquoi ;
Et les bontés de Dormene & de Laure
Me font haïr mille fois plus encore
Madame Berthe & Monsieur Mathurin.

COLETTE.

Quitte-les tous.

ACANTE.

Je n'ose , mais enfin
J'ai quelque espoir : que ton conseil m'assiste.
Dis-moi d'abord , Colette , en quoi consiste
Ce fameux Droit du Seigneur ?

COLETTE.

Oh! ma foi,
Va consulter de plus doctes que moi.
Je ne suis point mariée, & l'affaire,
A ce qu'on dit, est un très-grand mistère.
Seconde-moi; fais que je vienne à bout
D'être épousée, & je te dirai tout.

ACANTE.

Ah! j'y ferai mon possible.

COLETTE.

Ma mere
Est très-alerte & conduit mon affaire.
Elle me fait, par un Acte plaintif
Pousser mon droit pardevant le Baillif.
J'aurai, dit-elle, un mari par justice.

ACANTE.

Que de bon cœur j'en fais le sacrifice!
Chere Colette, agissons bien à point,
Toi pour l'avoir, moi pour ne l'avoir point.
Tu gagneras assez à ce partage,
Mais en perdant, je gagne davantage.

Fin du premier Acte.

ACTE II.

SCENE PREMIERE.

LE BAILLIF, *Philippe* fon valet, COLETTE.

LE BAILLIF.

MA robbe, allons : —du refpect ; —vîte, Philippe.
C'eft en Baillif qu'il faut que je m'équipe.
J'ai des clients qu'il faut expédier.
Je fuis Baillif ; je te fais mon Huiffier.
Amene-moi Colette à l'Audience.

(Il s'affied devant la table, & feuillette un grand livre.)

L'affaire eft grave & de grande importance.
De matrimonio—Chapitre deux.
Empêchements : —ces cas-là font verreux ;
Il faut fçavoir de la Jurifprudence.

(à Colette.)

Approchez-vous, faites la révérence,
Colette ; il faut d'abord dire fon nom.

COLETTE.

Vous l'avez dit ; je fuis Colette.

LE BAILLIF *écrit.*

Bon ;

Colette.—Il faut dire enfuite fon âge.
N'avez-vous pas trente ans & davantage ?

COLETTE.

Fi donc ! Monfieur ; j'ai vingt ans tout au plus.

LE BAILLIF, *écrivant.*

Çà, vingt ans paffés.—Ils font bien révolus ?

COLETTE.

L'âge, Monfieur, ne fait rien à la chofe ;
Et jeune ou non, fçachez que je m'oppofe
A tout Contrat qu'un Mathurin fans foi
Fera jamais avec d'autres que moi ?

LE BAILLIF.

Vos oppofitions feront notoires.
Çà, vous avez des raifons péremptoires ?

COLETTE,

J'ai cent raifons.

LE BAILLIF.

Dites-les.—Auroit-il..?

COLETTE.

Oh ! oui, Monfieur.

LE BAILLIF.

Mais vous coupez le fil,
A tout moment, de notre procédure.

COLETTE.

Pardon, Monſieur.

LE BAILLIF.

Vous a-t-il fait injure?

COLETTE.

Oh! tant! J'aurais plus d'un mari ſans lui,
Et me voila pauvre fille aujourd'hui.

LE BAILLIF.

Il vous a fait ſans doute des promeſſes?

COLETTE.

Mille pour une, & pleines de tendreſſes;
Il promettait, il jurait que dans peu
Il me prendrait en légitime nœud.

LE BAILLIF, *écrivant.*

En légitime nœud! — Quelle malice!
Ça, produiſez les Lettres en Juſtice.

COLETTE.

Je n'en ai point; jamais il n'écrivait,
Et je croyais tout ce qu'il me diſait;
Quand tous les jours on parle tête-à-tête
A ſon amant d'une manière honnête,
Pourquoi s'écrire? à quoi bon?

LE BAILLIF.

Mais du moins,
Au lieu d'écrits, vous avez des témoins?

COLETTE.

Moi, point du tout; — mon témoin c'est moi-même:
Eit ce qu'on prend des témoins quand on s'aime?
Et puis, Monsieur, pouvais-je deviner
Que Mathurin osât m'abandonner?
Il me parlait d'amitié, de constance,
Je l'écoutais, & c'était en présence
De mes moutons, dans son pré, dans le mien:
Ils ont tout vû, mais iis ne disent rien.

LE BAILLIF.

Non plus qu'eux tous je n'ai donc rien à dire,
Votre complainte en Droit ne peut suffire;
On ne produit ni témoins ni billets,
On ne vous a rien fait, rien écrit.

COLETTE.

Mais

Un Mathurin aura donc l'insolence
Impunément d'abuser l'innocence?

LE BAILLIF.

En abuser! Mais vraiment, c'est un cas
Epouvantable, & vous n'en parlez pas!
Instrumentons: — Laquelle nous remontre
Que Mathurin en plus d'une rencontre,
Se prévalant de sa simplicité,
A méchamment contre icelle attenté;
Laquelle insiste & répete dommages,
Frais, intérêts pour raison des outrages
Contre les loix faits par le suborneur,
Dit Mathurin, à son présent honneur.

COLETTE.

Rayez cela , je ne veux pas qu'on dife
Dans le Pays une telle fottife.
Mon honneur eft très-intact ; & pour peu
Qu'on l'eût bleffé l'on auroit vû beau jeu.

LE BAILLIF.

Que prétendez-vous donc ?

COLETTE.

Etre vengée.

LE BAILLIF.

Pour fe venger , il faut être outragée ,
Et par écrit coucher en mots exprès
Quels attentats encontre vous font faits ;
Articuler les lieux, les circonftances ,
Quis , *quid* , *ubi* , les excès , infolences ,
Enormités , fur quoi l'on jugera.

COLETTE.

Ecrivez donc tout ce qu'il vous plaira.

LE BAILLIF.

Ce n'eft pas tout, il faut fçavoir la fuite
Que ces excès pourraient avoir produite.

COLETTE.

Comment produite ? Eh ! rien ne produit rien.
Traître Baillif , qu'entendez-vous ?

LE BAILLIF.

Fort bien.
Laquelle fille a dans ses procédures
Perdu le sens , & nous dit des injures ;
Et n'apportant nulle preuve du fait ,
L'empêchement est nul, de nul effet.
(*Il se leve*)
Depuis une heure en vain je vous écoute
Vous n'avez rien prouvé , je vous déboute.

COLETTE.

Me débouter , moi ?

LE BAILLIF.

Vous.

COLETTE.

Maudit Baillif ?
Je suis déboutée ?

LE BAILLIF.

Oui ; quand le plaintif
Ne peut donner des raisons qui convainquent ,
On le déboute, & les adverses vainquent.
Sur Mathurin n'ayant point action
Nous procédons à la conclusion.

COLETTE.

Non, non, Baillif, vous aurez beau conclure,
Instrumenter & signer , je vous jure
Qu'il n'aura point son Acante.

LE BAILLIF.

Il l'aura.
De Monseigneur le Droit se maintiendra.
Je suis Baillif, & j'ai le Droit du Maître.
C'est devant moi qu'il faudra comparaître.
Consolez-vous, sçachez que vous aurez
Affaire à moi, quand vous vous marierez.

COLETTE.

J'aimerais mieux, le reste de ma vie,
Demeurer fille.

LE BAILLIF.

Oh! je vous en défie.

SCENE II.

COLETTE, *seule.*

AH! comment faire? où reprendre mon bien?
J'ai protesté, cela ne sert de rien.
On va signer : que je suis tourmentée!

SCENE

SCENE III.

COLETTE, ACANTE.

COLETTE.

A Mon secours! me voilà déboutée.

ACANTE.

Déboutée ?

COLETTE.

Oui; l'ingrat vous est promis
On me déboute.

ACANTE.

Hélas! je suis bien pis!
De mes chagrins mon ame est oppressée ;
Ma chaîne est prête , & je suis fiancée,
Ou je vais l'être au moins dans un moment.

COLETTE.

Ne hais-tu pas mon lâche ?

ACANTE.

Honnêtement.
Entre nous deux, juges-tu sur ma mine
Qu'il soit bien doux d'être ici Mathurine?

COLETTE.

Non pas pour toi. Tu portes dans ton air

C

Je ne fçais quoi de brillant & de fier ;
A Mathurin cela ne convient guere,
Et ce maraud était mieux mon affaire.

ACANTE.

J'ai par malheur de trop hauts fentimens.
Dis-moi, Colette, as-tu lu des Romans ?

COLETTE.

Moi ? —Non, jamais.

ACANTE.

       Le Baillif Metaprofe
M'en a prêté. — Mon Dieu ! la belle chofe !

COLETTE.

En quoi fi belle ?

ACANTE.

       On y voit des Amans
Si courageux, fi tendres, fi galans !

COLETTE.

Oh ! Mathurin n'eſt pas comme eux.

ACANTE.

              Colette,
Que les Romans rendent l'ame inquiette !

COLETTE.

Eh ! d'où vient donc ?

ACANTE.

Ils forment trop l'efprit.
En les lifant le mien bientôt s'ouvrit.
A réfléchir que de nuits j'ai paffées !
Que les Romans font naître de penfées !
Que les Héros de ces livres charmans
Reffemblent peu , Colette , aux autres gens !
Cette lumière était pour moi féconde ,
Je me voyais dans un tout autre monde ,
J'étais au Ciel. — Ah ! qu'il m'était bien dur
De retomber dans mon état obfcur ;
Le cœur tout plein de ce grand étalage ,
De me trouver au fond de mon village ,
Et de defcendre , après un vol divin ,
Des Amadis à Maître Mathurin !

COLETTE.

Votre propos me ravit ; & je jure
Que j'ai déja du goût pour la lecture.

ACANTE.

T'en fouvient-il autant qu'il m'en fouvient ,
Que ce Marquis , ce beau Seigneur , qui tient
Dans le pays le rang , l'état d'un Prince ,
De fa préfence honora la Province ?
Il s'eft paffé jufte un an & deux mois ,
Depuis qu'il vint pour cette feule fois.
T'en fouvient-il ? Nous le vimes à table ;
Il m'accueillit. Ah ! qu'il était affable !
Tous fes difcours étaient des mots choifis
Que l'on n'entend jamais dans ce pays.
C'était , Colette , une langue nouvelle ,

C ij

Supérieure & pourtant naturelle.
J'aurais voulu l'entendre tout le jour.

COLETTE.

Tu l'entendras fans doute à fon retour.

ACANTE.

Ce jour, Colette, occupe ta mémoire,
Où Monfeigneur tout rayonnant de gloire,
Dans nos forêts, fuivi d'un peuple entier,
Le fer en main, courait le fanglier ?

COLETTE.

Oui, quelque idée & confufe & légere
Peut m'en refter.

ACANTE.

Je l'ai diftincte & claire.
Je crois le voir avec cet air fi grand
Sur ce cheval fuperbe & bondiffant.
Près d'un gros chêne, il perce de fa lance
Le fanglier, qui contre lui s'élance.
Dans ce moment j'entendis mille voix
Que répétaient les Echos de nos bois ;
Et de bon cœur, (il faut que j'en convienne)
J'aurais voulu qu'il démêlât la mienne.
De fon départ je fuis encor témoin.
On l'entourait, je n'étais pas bien loin,
Il me parla.—Depuis ce jour, ma chere,
Tous les Romans ont le droit de me plaire ;
Quand je les lis, je n'ai jamais d'ennui,
Il me parait qu'ils me parlent de lui.

COLETTE.

Ah! qu'un Roman eft beau !

ACANTE.

C'eft la peinture
Du cœur humain , je crois , d'après nature.

COLETTE.

D'après nature ! —Entre nous deux, ton cœur
N'aime-t-il pas en fecret Monfeigneur ?

ACANTE.

Oh ! non, je n'ofe, & je fens la diftance
Qu'entre nous deux met fon rang, fa naiffance.
Crois-tu qu'on ait des fentimens fi doux
Pour ceux qui font trop au-deffus de nous?
A cette erreur trop de raifon s'oppofe.
Non, je ne l'aime point, mais il eft caufe
Que l'ayant vu , je ne peux à préfent
En aimer d'autre, & c'eft un grand tourment.

COLETTE.

Mais de tous ceux qui le fuivaient, ma bonne ;
Aucun n'a-t-il cajolé ta perfonne ?
J'avouerai moi que l'on m'en a conté.

ACANTE.

Un étourdi prit quelque liberté :
Il s'appellait le Chevalier Germance.
Son fier maintien , fon air, fon infolence
Me révoltaient , loin de m'en impofer.
Il fut furpris de fe voir méprifer,
Et réprimant fa pourfuite hardie,

C iij

Je lui fis voir combien la modeftie
Etait plus fiere , & pouvait , d'un coup d'œil,
Faire trembler l'imprudence & l'orgueil.
Ce Chevalier ferait affez capable,
Et d'autres mœurs l'auraient pû rendre aimable.
Ah ! la douceur eft l'appas qui nous prend.
Que Monfeigneur , ô Ciel! eft different !

COLETTE.

Ce Chevalier n'étant donc guere fage ?
Çà , qui des deux te déplaît davantage ,
De Mathurin , ou de cet effronté ?

ACANTE.

Oh ! Mathurin : — C'eft fans difficulté.

COLETTE.

Mais Monfeigneur eft bon : il eft le maître ;
Pourrait-il pas te dépetrer du traitre ?
Tu me parais fi belle !

ACANTE.

Hélas !

COLETTE.

Je croi,
Que tu pourras mieux réuffir que moi.

ACANTE.

Eft-il bien vrai qu'il arrive ?

COLETTE.

Sans doute

Car on le dit.

ACANTE.

Penses-tu qu'il m'écoute?

COLETTE.

J'en suis certaine, & je retiens ma part
De ses bontés.

ACANTE.

Nous le verrons trop tard ;
Il n'arrivera point ; on me fiance,
Tout est conclu, je suis sans esperance.
Berthe est terrible en sa mauvaise humeur ;
Mathurin presse, & je meurs de douleur.

COLETTE.

Eh ! moque-toi de Berthe.

ACANTE,

Hélas ! Dormène ;
Si je lui parle, entrera dans ma peine.
Je vais prier Dormène de m'aider
De son appui, qu'elle daigne accorder
Aux malheureux : cette Dame est si bonne !
Laure, surtout, cette vieille personne,
Par le malheur sensible à la pitié,
Qui m'a souvent montré tant d'amitié,
Me donnera des conseils.

COLETTE.

A notre âge,
Il faut de bons amis, rien n'est plus sage.
Tu trembles ?

ACANTE.
Oui.

COLETTE.

Par ces lieux détournés
Viens avec moi.   C iv

SCENE IV.

ACANTE, COLETTE, BERTHE, DIGNANT, MATHURIN.

BERTHE, *arrêtant Acante.*

QUEL chemin vous prenez !
Etes-vous folle ? & quand on doit se rendre
À son devoir, faut-il se faire attendre ?
Quelle indolence ! & quel air de froideur !
Vous me glacez : votre mauvaise humeur
Jusqu'à la fin vous sera reprochée.
On vous marie, & vous êtes fâchée !
Hom, l'idiote ! Allons, çà, Mathurin,
Soyez le maître & donnez-lui la main.

MATHURIN *approche sa main & veut l'embrasser.*

Ah ! palsandié....

BERTHE.

Voyez la malhonnête !
Elle rechigne, & détourne la tête !

ACANTE.

Pardon, mon Pere; hélas ! vous excusez
Mon embarras, vous le favorisez,
Et vous sentez quelle douleur amere
Je dois souffrir en quittant un tel Pere.

BERTHE.

Et rien pour moi ?

MATHURIN.

Ni rien pour moi non-plus ?

COLETTE.

Non, rien, méchant ; tu n'auras qu'un refus.

MATHURIN.

On me fiance.

COLETTE.

Et va, va, fiançailles
Assez souvent ne sont pas épousailles ;
Laisse-moi faire.

DIGNANT.

Eh ! qu'est-ce que j'entends ?
C'est un Courrier : c'est je pense, un des Gens
De Monseigneur ; oui, c'est le vieux Champagne.

SCENE V.

Les Acteurs précédens, CHAMPAGNE.

CHAMPAGNE.

Oui, nous avons terminé la Campagne,
Nous avons fauvé Metz, mon Maître & moi.
Et nous aurons la paix. Vive le Roi!
Vive mon Maître! —Il a bien du courage,
Mais il est trop férieux pour fon âge:
J'en fuis fâché. Je fuis bien aife auffi,
Mon vieux Dignant, de te trouver ici.
Tu me parais en grande compagnie.

DIGNANT.

Oui.—Vous ferez de la cérémonie.
Nous marions Acante.

CHAMPAGNE.

Bon! tant mieux!
Nous danferons, nous ferons tous joyeux.
Ta fille eft belle. —Ah! ah! c'eft toi, Colette?
Ma chere enfant, ta fortune eft donc faite?
Mathurin eft ton mari?

COLETTE.

Mon Dieu! non.

CHAMPAGNE.

Il fait fort mal.

COLETTE.

Le traître , le fripon
Croit dans l'inftant prendre Acante pour femme,

CHAMPAGNE.

Il fait fort bien ; je réponds fur mon ame
Que cet hymen à mon Maître agréra,
Et que la noce à fes frais fe fera.

ACANTE.

Comment ! il vient?

CHAMPAGNE.

Peut-être ce foir même,

DIGNANT.

Quoi ! ce Seigneur , ce bon Maître que j'aime ,
Je puis le voir encore avant ma mort ?
S'il eft ainfi, je bénirai mon fort.

ACANTE.

Puifqu'il revient , permettez, mon cher Pere ,
De vous prier , (devant ma Belle-mere)
De vouloir bien ne rien précipiter
Sans fon aveu , fans l'ofer confulter ;
C'eft un devoir dont il faut qu'on s'acquitte ;
C'eft un refpect , fans doute, qu'il mérite.

MATHURIN.

Foin du refpect !

DIGNANT.

Votre avis eft fenfé,
Et comme vous en fecret j'ai penfé. . . .

MATHURIN.

Et moi, l'ami, je penfe le contraire.

COLETTE, *à Acante.*

Bon, tenez ferme.
MATHURIN.

Eft un fot qui differe.

Je ne veux point foumettre mon honneur,
Si je le puis, à ce Droit du Seigneur.

BERTHE.

Eh! pourquoi tant s'effaroucher? La chofe
Eft bonne au fond, quoique le monde en caufe;
Et notre honneur ne peut s'en tourmenter.
J'en fis l'épreuve; & je peux protefter
Qu'à mon devoir, quand je me fus rendue,
On s'en alla dès l'inftant qu'on m'eut vue.

COLETTE.
Je le crois bien.

BERTHE.

Cependant, la raifon
Doit confeiller de fuir l'occafion.
Hâtons la nôce, & n'attendons perfonnne.
Préparez tout, mon mari, je l'ordonne.

MATHURIN, *à Colette en s'en allant.*
C'eft très-bien dit; eh! bien, l'aurai-je enfin?

COLETTE.

Non, tu ne l'auras pas, non, Mathurin.
(*ils fortent.*)

CHAMPAGNE.

Oh! oh! nos gens viennent en diligence.
Eh! quoi, déja le Chevalier Germance?

SCENE VI.

LE CHEVALIER, CHAMPAGNE.

CHAMPAGNE.

Vous êtes fin, Monsieur le Chevalier,
Très à propos vous venez le premier.
Dans tous vos faits votre beau talent brille.
Vous vous doutez qu'on marie une fille;
Acante est belle, au moins.

LE CHEVALIER.

Eh! oui, vraiment,
Je la connais; j'apprends en arrivant,
Que Mathurin se donne l'insolence
De s'appliquer ce bijou d'importance;
Mon bon destin nous a fait accourir
Pour y mettre ordre: il ne faut pas souffrir
Qu'un riche Rustre ait les tendres prémices
D'un Beauté qui ferait les délices

Des plus hupés , & des plus délicats.
Pour le Marquis , il ne se hâte pas.
C'est , je l'avoue , un grave personnage,
Pressé de rien , bien compassé , bien sage,
Et voyageant comme un Ambassadeur.
Parbleu , jouons un tour à sa lenteur.
Tiens , il me vient une bonne pensée ,
C'est d'enlever *presto* la Fiancée,
De la conduire en quelque vieux Château,
Quelque masure.

CHAMPAGNE.

Oui , le projet est beau.

LE CHEVALIER.

Un vieux Château, vers la forêt prochaine ,
Tout délabré , que possède Dormène ,
Avec sa vieille. . . .

CHAMPAGNE.

Oui , c'est Laure , je crois.

LE CHEVALIER.

Oui.

CHAMPAGNE.

Cette vieille était jeune autrefois ,
Je m'en souviens : votre étourdi de père
Eut avec elle une certaine affaire
Où chacun d'eux fit un mauvais marché.
Ma foi , c'était un maître débauché.
Tout comme vous , buvant , aimant les Belles,
Les enlevant , & puis se moquant d'elles.
Il mangea tout , & ne vous laissa rien.

LE CHEVALIER.

J'ai le Marquis; & c'est avoir du bien.
Sans nul souci je vis de ses largesses.
Je n'aime point l'embarras des richesses ;
Est riche assez qui fait toujours jouïr.
Le premier bien, crois-moi, c'est le plaisir.

CHAMPAGNE.

Et que ne prenez-vous cette Dormène ?
Bien plus qu'Acante, elle en vaudrait la peine :
Elle est très-fraîche, elle est de qualité ;
Cela convient à votre dignité.
Laissez pour nous les filles du Village.

LE CHEVALIER.

Vraiment, Dormène est un très-doux partage :
C'est très-bien dit. Je crois que j'eus un jour,
S'il m'en souvient, pour elle un peu d'amour ;
Mais entre nous, elle sent trop sa Dame.
On ne pourrait en faire que sa femme.
Elle est bien pauvre, & je le suis aussi,
Et pour l'hymen j'ai fort peu de souci.
Mon cher Champagne, il me faut une Acante.
Cette coquette est beaucoup plus plaisante.
Oui, cette Acante aujourd'hui m'a piqué ;
Je me sentis l'an passé provoqué
Par ses refus, par sa petite mine.
J'aime à dompter cette pudeur mutine.
J'ai deux coquins ; qui font trois avec toi,
Déterminés, alertes comme moi ;
Nous tiendrons prêt à cent pas un carrosse,
Et nous fondrons tous quatre sur la Noce.
Cela sera plaisant ; j'en ris déja.

CHAMPAGNE.

Mais croyez vous que Monſeigneur rira ?

LE CHEVALIER.

Il faudra bien qu'il rie , & que Dormène
En rie encor , quoique prude & hautaine ;
Et je prétends que Laure en rie auſſi.
Je viens de voir à cinq cents pas d'ici
Dormène & Laure en très-mince équipage,
Qui s'en allaient vers le prochain village ,
Chez quelque vieille.—Il faut prendre ce tems.

CHAMPAGNE.

C'eſt bien penſé ; mais vos déportemens
Sont dangereux, je crois, pour ma perſonne.

LE CHEVALIER.

Bon ! l'on ſe fâche, on s'appaiſe , on pardonne.
Tous les gens gais ont le don merveilleux
De mettre en train tous les gens ſérieux.

CHAMPAGNE.

Fort bien.

LE CHEVALIER.

L'eſprit le plus atrabilaire
Eſt ſubjugué,quand on cherche à lui plaire.
On s'épouvante, on crie, on fuit d'abord,
Et puis l'on ſoupe, & puis l'on eſt d'accord.

CHAMPAGNE.

On ne peut mieux : mais votre belle Acanté
Eſt bien revêche.

LE

LE CHEVALIER.

Et c'eſt ce qui m'enchante,
La réſiſtance eſt un charme de plus,
Et j'aime aſſez une heure de refus.
Comment ſouffrir la ſtupide innocence
D'un ſot tendron faiſant la réverence,
Baiſſant les yeux, muette à mon aſpect,
Et recevant mes faveurs par reſpect ?
Mon cher Champagne, a mon dernier voyage,
D'Acante ici j'éprouvai le courage.
Va, ſous mes loix je la ſerai plier.
Rentre pour moi dans ton premier métier,
Sois mon Trompette, & ſonne les allarmes.
Point de quartier, marchons : alerte, aux armes ;
Vîte.

CHAMPAGNE.

Je crois que nous ſommes trahis ;
C'eſt du ſecours qui vient aux ennemis :
J'entends grand bruit, c'eſt Monſeigneur.

LE CHEVALIER.

N'importe !
Sois prêt, ce ſoir, à me ſervir d'eſcorte.

Fin du ſecond Acte.

ACTE III.

SCENE PREMIERE.

LE MARQUIS, LE CHEVALIER, GERMANCE.

LE MARQUIS.

CHer Chevalier, que mon cœur est en pa'x!
Que mes regards ici sont satisfaits !
Que ce Château qu'ont habité nos peres,
Que ces forêts, ces plaines me sont cheres!
Que je voudrais oublier pour toujours
L'illusion, les manéges des Cours !
Tous ces grands riens, ces pompeuses chimeres,
Ces vanités, ces ombres passageres,
Au fon du cœur laissent un vuide affreux.
C'est avec nous que nous sommes heureux.
Dans ce grand monde où chacun veut paraître,
On est esclave, & chez moi je suis maître.
Que je voudrois que vous eussiez mon goût!

LE CHEVALIER.

Eh ! oui, l'on peut se réjouir par-tout,

En garnifon, à la Cour , à la guerre,
Longtems en Ville , & huit jours dans fa Terre.

LE MARQUIS.

Que vous & moi nous fommes différens

LE CHEVALIER.

Nous changerons peut-être avec le tems.
En attendant vous favez qu'on apprête,
Pour ce jour même, une très-belle fête,
C'eſt une nôce.

LE MARQUIS.

    Oui , Mathurin vraiment
Fait un beau choix , & mon confentement
Eſt tout acquis a ce doux mariage.
L'Epoux eſt riche, & fa maîtreſſe eſt fage.
C'eſt un bonheur bien digne de mes vœux,
En arrivant, de faire deux heureux.

LE CHEVALIER.

Acante encor en peut faire un tro fieme.

LE MARQUIS.

Je vous reconnais là , toujours vous même.
Mon cher parent , vous m'avez fait cent fois
Tremb er pou vous par vos galans exploits ,
Tout peut paſſer dans des Villes de guerre ;
Mais nous devons l'exemple dans ma Terre.

LE CHEVALIER.

L'exemple du plaifir apparemment ?

        D ij

LE MARQUIS.

Au moins, mon cher, que ce soit prudemment.
Daignez en croire un parent qui vous aime.
Si vous n'avez du respect pour vous-même,
Quelque grand nom que vous puissiez porter,
Vous ne pourrez vous faire respecter.
Je ne suis pas difficile & sévere ;
Mais entre nous songez que votre pere,
Pour avoir pris le train que vous prenez,
Se vit au rang des plus infortunés,
Perdit ses biens, languit dans la misére,
Fit de douleur expirer votre mere,
Et près d'ici mourut assassiné.
J'étais enfant, son sort infortuné
Fut a mon cœur une leçon terrible,
Qui se grava dans mon ame sensible.
Utilement témoin de ses malheurs,
Je m'instruisais en répandant des pleurs.
Si, comme moi, cette fin déplorable
Vous eût frappé, vous seriez raisonnable.

LE CHEVALIER.

Oui, je veux l'être un jour ; c'est mon dessein ;
J'y pense quelquefois ; mais c'est en vain.
Mon feu m'emporte.

LE MARQUIS.

                    Eh ! bien, je vous présage
Que vous serez las du libertinage.

LE CHEVALIER.

Je le voudrais, mais l'on fait comme on peut.
Ma foi, n'est pas raisonnable qui veut.

LE MARQUIS.

Vous vous trompez : on est un peu son maître.
J'en fis l'épreuve ; est sage qui veut l'être.
Et croyez-moi, cette Acante, entre nous,
Eut des attraits pour moi, comme pour vous.
Mais ma raison ne pouvait me permettre
Un fol amour qui m'allait compromettre.
Je réjettai ce desir passager,
Dont la poursuite aurait pû m'affliger,
Dont le succès eût perdu cette fille,
Eût fait sa honte aux yeux de sa famille,
Et l'eût privée à jamais d'un époux.

LE CHEVALIER.

Je ne suis pas si timide que vous.
La même pâte, (il faut que j'en convienne)
N'a point paitri votre branche & la mienne.
Quoi ! vous pensez être, dans tous les tems,
Maître absolu de vos yeux, de vos sens ?

LE MARQUIS.

Eh ! pourquoi non ?

LE CHEVALIER.

      Très-fort je vous respecte.
Mais la sagesse est tant soit peu suspecte ;
Les plus prudens se laissent captiver,
Et le vrai sage est encor à trouver.
Craignez sur-tout le titre ridicule
De Philosophe.

LE MARQUIS.

    O l'étrange scrupule !

D iij

Ce noble nom, ce nom tant combattu,
Que veut il dire? Amour de la vertu.
Le fat en raille avec étourderie;
Le sot le craint, le fripon le décrie :
L'homme de bien dédaigne les propos
Des étourdis , des fripons & des sots :
Et ce n'est pas sur les discours du monde
Que le bonheur & la vertu se fonde.
Ecoutez-moi : je suis las aujourd'hui
Du train des Cours où l'on vit pour autrui;
Et j'ai pensé, pour vivre à la campagne ,
Pour être heureux, qu'il faut une Compagne.
J'ai le projet de m'établir ici ,
Et je voudrois vous marier aussi.

LE CHEVALIER.

Très-humble serviteur.

LE MARQUIS.

     Ma fantaisie
N'est pas de prendre une jeune étourdie.

LE CHEVALIER.

L'étourderie a du bon.

LE MARQUIS

      Je voudrais
Un esprit doux, plus que de doux attraits.

LE CHEVALIER.

J'aimerais mieux le dernier.

LE MARQUIS.

      La jeunesse,

Les agrémens n'ont rien qui m'intéreffe.

LE CHEVALIER.

Tant pis.

LE MARQUIS.

Je veux affermir ma Maifon,
Par un hymen qui foit tout de raifon.

LE CHEVALIER.

Oui , tout d'ennui.

LE MARQUIS.

J'ai penfé que Dormene
Serait très-propre à former cette chaîne.

LE CHEVALIER.

Votre Dormene eft bien pauvre.

LE MARQUIS.

Tant mieux.
C'eft un bonheur fi pur , fi précieux ,
De relever l'indigente Nobleffe ,
De préferer l'honneur à la richeffe !
C'eft l'honneur feul qui chez nous doit former
Tout notre fang : lui feul doit animer
Ce fang reçu de nos braves ancêtres ,
Qui dans les camps doit couler pour fes maîtres.

LE CHEVALIER.

Je penfe ainfi : les Français libertins
Sont gens d'honneur. Mais , dans vos beaux deffeins ;

Vous avez donc , malgré votre réserve,
Un peu d'amour ?

LE MARQUIS.

Qui ? moi ! Dieu m'en préserve.
Il faut ſçavoir être maître chez ſoi ;
Et ſi j'aimais , je recevrais la loi.
Se marier par amour , c'eſt folie.

LE CHEVALIER.

Ma foi , Marquis, votre philoſophie
Me paraît tout à rebours du bon ſens.
Pour moi , je crois au pouvoir de nos ſens ;
Je les conſulte en tout , & j'imagine
Que tous ces gens ſi graves par la mine ,
Pleins de morale & de réflexions ,
Sont deſtinés aux grandes paſſions.
Les étourdis eſquivent l'eſclavage ;
Mais un coup d'œil peut ſubjuguer un ſage.

LE MARQUIS.

Soit ; nous verrons.

LE CHEVALIER.

Voici d'autres époux :
Voici la nôce. Allons , égayons-nous.
C'eſt Mathurin ; c'eſt la gentille Acante ;
C'eſt le vieux pere , & la mere & la tante ;
C'eſt le Baillif, Colette , & tout le Bourg.

SCENE II.

LE MARQUIS, LE CHEVALIER, LE BAILLIF, *à la tête des Habitans.*

LE MARQUIS.

J'En suis touché. Bon jour, enfans, bon jour.

LE BAILLIF.

Nous venons tous avec conjouiffance
Nous préfenter devant votre Excellence,
Comme les Grecs jadis devant Cyrus,
Comme les Grecs . . .

LE MARQUIS.

               Les Grecs font fuperflus.
Je fuis Picard ; je revois avec joie
Tous mes Vaffaux.

LE BAILLIF.

        Les Grecs de qui la proie . . . .

LE CHEVALIER.

Ah ! finiffez. Notre gros Mathurin,
La belle Acante eft votre proie enfin ?

MATHURIN.

Oui-dà, Monfieur ; la fiançaille eft faite.

Et nous prions que Monfeigneur permette
Qu'on nous finifle.

COLETTE.

Oh ! tu ne l'auras pas ;
Je te le dis : tu me demeureras.
Oui , Monfeigneur , vous me rendrez juftice :
Vous ne fouffrirez pas qu'il me trahiffe ;
Il m'a promis . . . . .

MATHURIN.

Bon ! j'ai promis en l'air.

LE MARQUIS.

Il faut , Baillif , tirer la chofe au clair.
A-t-il promis ?

LE BAILLIF.

La chofe eft conftatée.
Colette eft folle , & je l'ai déboutée.

COLETTE.

Ça n'y fait rien , & Monfeigneur faura
Qu'on force Acante à ce beau marché-là,
Qu'on la maltraite , & qu'on la violente
Pour époufer.

LE MARQUIS.

Eft-il vrai, belle Acante ?

ACANTE.

Je dois d'un pere avec raifon chéri
Suivre les loix. Il me donne un mari.

MATHURIN.

Vous voyez bien qu'en effet elle m'aime.

LE MARQUIS.

Sa réponse est d'une prudence extrême.
Eh !bien , chez moi la nôce se fera.

LE CHEVALIER.

Bon , bon , tant mieux.

LE MARQUIS, *à Acante.*

              Votre pere verra
Que j'aime en toi la probité , le zèle,
Et les travaux d'un serviteur fidèle.
Votre sagesse , à mes yeux satisfaits,
Augmente encor le prix de vos attraits.
Comptez, amis , qu'en faveur de la fille
Je prendrai soin de toute la famille.

COLETTE.

Et de moi donc?

LE MARQUIS.

           De vous , Colette , aussi.
Cher Chevalier , retirons-nous d'ici.
Ne troublons point leur naïve allégresse.

LE BAILLIF.

Et votre Droit, Monseigneur ? Le tems presse.

MATHURIN.

Quel chien de Droit ! Ah! me voilà perdu!

COLETTE.

Va , tu verras.

Mde BERTHE.

Mathurin , que crains-tu ?

LE MARQUIS.

Vous aurez soin , Baillif , en homme sage ,
D'arranger tout suivant l'antique usage.
D'un si beau Droit je veux m'autoriser
Avec décence , & n'en point abuser.

LE CHEVALIER.

Ah ! Quel Caton ! Mais mon Caton , je pense,
La suit des yeux , & non sans complaisance.
Mon cher cousin.

LE MARQUIS.

Eh ! Bien ?

LE CHEVALIER.

Gageons tous deux
Allez devenir amoureux.

LE MARQUIS.

Moi , mon cousin !

LE CHEVALIER.

Oui , vous.

LE MARQUIS.

L'extravagance !

LE CHEVALIER.

Vous le ferez : j'en ris déjà d'avance.
Gageons , vous dis-je , une discrétion.

LE MARQUIS.

Soit.

LE CHEVALIER.

Vous perdrez.

LE MARQUIS.

Soyez bien sûr que non.

SCENE III.

LE BAILLIF, les autres Acteurs.

MATHURIN.

Que disent-ils ?

LE BAILLIF.

Ils disent que fur l'heure
Chacun s'en aille , & qu'Acante demeure.

MATHURIN.

Moi , que je sorte ?

LE BAILLIF.

Oui , sans doute.

COLETTE.

Oui , fripon.

Oh ! nous aimons la loi , nous.

MATHURIN, *au Baillif.*

Mais doit-on ? . . .

Mde BERTHE.

Eh ! quoi ! benêt , te voilà bien à plaindre !

DIGNANT.

Allez , d'Acante on n'aura rien à craindre.
Trop de vertu regne au fond de fon cœur ;
Et notre maître eft tout rempli d'honneur.
(*A Acante.*)
Quand près de vous il daignera fe rendre ,
Quand , fans temoin , il pourra vous entendre ,
Remettez-lui ce paquet cacheté. (*lui donnant*
Des papiers cachetés.)
C'eft un devoir de votre piété.
N'y manquez pas —O fille toujours chere !
Embraffez-moi.

ACANTE.

Tous vos ordres , mon per...,
Seront fuivis. Ils font pour moi facrés ;
Je vous dois tout.—D'où vient que vous pleurez ?

DIGNANT.

Ah ! je le dois.—De vous je me fépare ;
C'eft pour jamais. Mais fi le Ciel avare ,
Qui m'a toujours refufé fes bienfaits ,
Pouvait fur vous les verfer déformais ,
Si votre fort eft digne de vos charmes ,
Ma chere enfant , je dois fécher mes larmes.

Mde. BERTHE.

Marchons , marchons , tous ces beaux complim...s
Sont pauvretés qui font perdre du tems.
Venez, Colette.

COLETTE. *à Acante*

Adieu, ma chere amie.

Je recommande à votre prud'hommie
Mon Mathurin ; vengez-moi des ingrats.

ACANTE.

Le cœur me bat.—Que deviendrai-je, Hélas !

SCENE IV.

LE BAILLIF, MATHURIN, ACANTE.

MATHURIN.

JE n'aime point cette cérémonie :
Maître Baillif, c'eſt une tyrannie.

LE BAILLIF.

C'eſt la condition *ſine quâ non.*

MATHURIN.

Sine quâ non ! Quel diable de jargon !
Morbleu ! ma femme eſt à moi.

LE BAILLIF.

Pas encore :
Il faut, premier, que Monſeigneur l'honore
D'un entretien ſelon les nobles Us
En ce Châtel de tous les tems reçus.

MATHURIN.

Les maudits Us ! Quels font-ils ?

LE BAILLIF.

L'Epoufée

Sur une chaife eft fagement placée :
Puis Monfeigneur dans une chaife à bras
Vient vis-à-vis fe camper à fix pas.

MATHURIN.

Quoi ! pas plus loin ?

LE BAILLIF.

C'eft la regle.

MATHURIN.

Allons, paffe.

Et puis après ?

LE BAILLIF.

Monfeigneur avec grace

Fait un préfent de bijoux, de rubans ;
Comme il lui plaît,

MATHURIN

Paffe pour des préfens.

LE BAILLIF.

Puis il lui parle , il vous la confidere ,
Il examine a fond fon caractère ;
Puis il l'exhorte à la vertu.

MATHURIN.

Fort bien.

Et

Et quand finit, s'il vous plaît, l'entretien?

LE BAILLIF.

Expreſſément la loi veut qu'on demeure,
Pour l'exhorter, l'eſpace d'un quart-d'heure.

MATHURIN.

Un quart-d'heure eſt beaucoup. Et le mari
Peut-il au moins ſe tenir près d'ici,
Pour écouter ſa femme?

LE BAILLIF.

          La loi porte,
Que, s'il oſoit ſe tenir à la porte,
Se préſenter avant le tems marqué,
Faire du bruit, ſe tenir pour choqué,
S'émanciper a ſottiſes pareilles,
On fait couper ſur le champ ſes oreilles.

MATHURIN.

Ta belle loi! Les beaux Droits que voilà!
Et ma moitié ne dit rien à cela?

ACANTE.

Moi, j'obéis, & je n'ai rien à dire.

LE BAILLIF.

Déniche; il faut qu'un mari ſe retire :
Point de raiſons.

MATHURIN, _ſortant._

        Ma femme heureuſement
N'a point d'eſprit, & ſon air innocent,
Sa converſation ne plaira guere.

LE BAILLIF.

Veux-tu partir ?

MATHURIN.

Adieu donc, ma très-chere,
Songe surtout au pauvre Mathurin ,
Ton Fiancé. (*Il fort.*)

ACANTE.

J'y fonge avec chagrin.
Quelle fera cette étrange entrevue ?
La peur me prend ; je fuis toute éperdue.

LE BAILLIF.

Affeyez-vous ; attendez en ce lieu
Un maître aimable & vertueux. Adieu.

SCENE V.

ACANTE *feule*.

Il eft aimable ;   ah ! je le fçais , fans doute,
Pourrai-je, hélas ! mériter qu'il m'écoute ?
Entrera-t il dans mes vrais intérêts ,
Dans mes chagrins , & dans mes torts fecrets ?
Il me croira du moins fort imprudente
De refufer le fort qu'on me préfente.
Un mari riche , un état affuré.
Je le prévois , je ne remporterai

Que des refus , avec bien peu d'eftime.
Je vais déplaire à ce cœur magnanime ;
Et fi mon ame avait ofé former
Quelque fouhait , c'eſt qu'il pût m'eftimer.
Mais pourra-t il me blâmer de me rendre
Chez cette Dame & fi noble & fi tendre ,
Qui fuit le monde , & qu'en ce trifte jour
J'implorerai pour le fuir à mon tour ?
Où fuis-je ? On ouvre ! A peine j'envifage
Celui qui vient ; je ne vois qu'un nuage.

SCENE VI.

LE MARQUIS, ACANTE.

LE MARQUIS.

ASfeyez-vous. Lors qu'ici je vous vois ,
C'eſt le plus beau , le plus cher de mes Droits.
J'ai commandé qu'on porte a votre pere
Les faibles dons qu'il convient de vous faire.
Ils paraîtront bien indignes de vous.

ACANTE , s'afféyant.

Trop de bontés fe répandent fur nous ;
J'en fuis confufe , & ma reconnaiſſance
N'a pas befoin de tant de bienfaifance :
Mais avant tout , il eft de mon devoir
De vous prier de daigner recevoir
Ces vieux papiers que mon pere préfente
Très-humblement...

LE MARQUIS, *les mettant dans fa poche.*

                    Donnez-les, belle Acante,
Je les lirai ; c'eſt ſans doute un détail
De mes forêts : ſes ſoins & ſon travail
M'ont toujours plû. J'aurai de ſa vieilleſſe
Les plus grands ſoins : comptez ſur ma promeſſe.
Mais eſt-il vrai qu'il vous donne un époux
Qui, vous cauſant d'invincibles dégoûts,
De votre hymen rend la chaîne odieuſe ?
J'en ſuis fâché. Vous deviez être heureuſe.

                    A C A N T E.

Ah ! je le ſuis un moment , Monſeigneur,
En vous parlant, en vous ouvrant mon cœur.
Mais tant d'audace eſt-elle ici permiſe ?

                    LE MARQUIS.

Ne craignez-rien : parlez avec franchiſe.
Tous vos ſecrets ſeront en ſûreté.

                    A C A N T E.

Qui douterait de votre probité ?
Pardonnez donc à ma plainte importune.
Ce mariage aurait fait ma fortune ,
Je le ſçais bien , & j'avoûrai ſurtout
Que c'eſt trop tard expliquer mon dégoût ;
Que dans les champs élevée , & nourrie
Je ne dois point dédaigner une vie
Qui ſous vos loix me retient pour jamais,
Et qui m'eſt chere encor par vos bienfaits.
Mais après tout , Mathurin , le village ,

Ces Païfans, leurs mœurs & leur langage,
Ne m'ont jamais infpiré tant d'horreur.
De mon efprit c'eft une injufte erreur.
Je la combats ; mais elle a l'avantage.
En frémiffant, je fais ce mariage.

LE MARQUIS, *approchant fon fauteuil*

Mais vous n'avez pas tort.

ACANTE, *à genoux.*

   J'ofe, à genoux,
Vous demander, non pas un autre époux,
Non d'autres nœuds : tous me feraient horribles ;
Mais que je puiffe avoir des jours paifibles.
Le premier bien ferait votre bonté ;
Et le fecond, de tous la liberté.

LE MARQUIS, *la relevant avec empreffement.*

Eh ! relevez-vous donc. Que tout m'étonne
Dans vos deffeins, & dans votre perfonne !

   (Ils s'approchent.)

Dans vos difcours fi nobles, fi touchans,
Qui ne font point le langage des champs,
Je l'avoûrai, vous ne paraiffez faite
Pour Mathurin, ni pour cette retraite.
D'où tenez-vous, dans ce féjour obfcur,
Un ton fi noble, un langage fi pur ?
Partout on a de l'efprit : c'eft l'ouvrage
De la Nature, & c'eft votre partage.
Mais l'efprit feul, fans éducation,
N'a jamais eu ni ce tour, ni ce ton,
Qui me furprend : je dis plus, qui m'enchante.

        E iij

ACANTE.

Ah ! que pour moi votre ame eſt indulgente !
Comme mon ſort , mon eſprit eſt borné.
Moins on attend , plus on eſt étonné.
Un peu de ſoins , peut-être ; & de lecture ,
Ont pu dans moi corriger la Nature
C'eſt vous ſurtout , vous qui , dans ce moment,
Formez en moi l'eſprit , le ſentiment ;
Qui m'élevez , qui dans moi faites naître
L'ambition d'imiter un tel Maître.

LE MARQUIS.

Je n'y tiens plus : ſon mérite inoui
M'a plus encor pénétré qu'ébloui.
Quoi ! dans ces lieux la Nature biſarre
Aura voulu mettre une fleur ſi rare ,
Et le Deſtin veut ailleurs l'enterrer !
Non , belle Acante , il vous faut demeurer.

(*Il s'approche.*)

ACANTE.

Pour épouſer Mathurin ?

LE MARQUIS.

Sa perſonne
Mérite peu la femme qu'on lui donne ;
Je l'avoûrai.

ACANTE.

Mon pere quelquefois
Me conduiſit au-delà de vos bois ,
Chez une Dame aimable & réverée ,
Pleine d'eſprit , de ſentimens d'honneur.

Elle daigne m'aimer : votre faveur,
Votre bonté peut me placer près d'elle.
Ma belle-mere eſt avare & cruelle.
Elle me hait, & je hais malgré m oi
Ce Mathurin qui compte ſur ma foi.
Voilà mon ſort ; vous en êtes le maître.
Je ne ſerai point heureuſe, peut-être.
Je ſouffrirai ; mais je ſouffrirai moins
En devant tout à vos génereux ſoins.
Protégez-moi : croyez qu'en ma retraite
Je reſterai toujours votre Sujette.

LE MARQUIS.

Tout me ſurprend. Dites-moi, s'il vous plaît,
Celle qui prend à vous tant d'intérêt,
Qui vous chérit, ayant ſçû vous connaître,
Serait-ce point Dormene ?

ACANTE.

Oui.

LE MARQUIS.

Mais peut-être;

Il eſt aiſé d'ajuſter tout cela.
Oui, votre idée eſt très-bonne. Oui, voilà
Un vrai moyen de rompre avec décence
Ce ſot hymen, cette indigne alliance.
J'ai des projets. En un mot, voulez-vous
Près de Dormene un deſtin noble & doux ?

ACANTE.

J'aimerais mieux la ſervir, ſervir Laure,
Laure ſi bonne, & qu'à jamais j'honore ;
Manquer de tout, goûter dans leur ſéjour

E iv.

Le seul bonneur de vous faire ma cour ,
Que d'accepter la richesse importune
De tout mari qui ferait ma fortune.

LE MARQUIS.

Acante , allez : vous pénétrez mon cœur.
Oui, vous pourrez, Acante , avec honneur
Vivre auprès d'elle , & dans mon Château même.

ACANTE.

Auprès de vous? Ah ! Ciel !

LE MARQUIS, *s'approchant un peu.*

　　　　　　　　　　　Elle vous aime ;
Elle a raison.—J'ai, vous dis-je, un projet :
Mais je ne sçais s'il aura son effet.
Et cependant vous voilà fiancée ;
Et votre chaîne est déja commencée ;
La nôce prête & le contrat signé.
Le Ciel voulut que je fusse éloigné,
Lorsqu'en ces lieux on parait la victime.
J'arrive tard, & je m'en fais un crime.

ACANTE.

Quoi! vous daignez me plaindre! Ah ! qu'à mes yeux
Mon mariage en est plus odieux !
Qu'il le devient chaque instant davantage

LE MARQUIS.

(Ils s'approchent.)
Mais après tout , puisque de l'esclavage
(Le Marquis s'approche.)
Avec décence on pourra vous tirer ....

ACANTE, *s'approchant un peu.*

Ah! le voudriez-vous?

LE MARQUIS.

J'ose esperer . . . .
Que vos parens, la raison, la loi même,
Et plus encor votre mérite extrême . . . .
(*Il s'approche encore.*)
Oui, cet hymen est trop mal assorti.
(*Acante s'approche.*)
Mais le tems presse: il faut prendre un parti.
Ecoutez-moi.
(*Ils se trouvent tout près l'un de l'autre.*)

ACANTE.

Juste Ciel! si j'écoute!

SCENE VII.

LE MARQUIS, ACANTE, LE BAILLIF, MATHURIN.

MATHURIN, *entrant brusquement.*

JE crains, ma foi, que l'on ne me déboute.
Entrons, entrons; le quart-d'heure est fini.

ACANTE.

Eh! quoi! sitôt?

LE MARQUIS, *tirant sa Montre.*

Il est vrai, mon ami.

MATHURIN.

Maître Baillif , ces sièges sont bien proches.
Est-ce encore un des Droits?

LE BAILLIF.

Point de reproches :
Mais du respect.

MATHURIN.

Mon Dieu! nous en aurons.
Mais aurons-nous ma femme ?

LE MARQUIS.

Nous verrons.

Eh !

[*Il sonne.*]

UN DOMESTIQUE.

Monseigneur?

LE MARQUIS.

Que l'on remene Acante
Chez ses parens.

MATHURIN.

Ouais! ceci me tourmente.

ACANTE, *s'en allant.*

Ciel, prends pitié de mes secrets ennuis.

LE MARQUIS, *sortant d'un autre côté,*

Sortons, cachons le désordre où je suis.
Ah ! que j'ai peur de perdre la gageure!

SCENE VIII.

MATHURIN, LE BAILLIF.

MATHURIN.

Dis-moi, Baillif, ce que cela figure.
Notre Seigneur eſt ſorti bien ſournois.
Il me parlait poliment autrefois,
J'aimais aſſez ſes honnêtes manières ;
Et même à cœur il prenait mes affaires.
Je me marie : il s'en va tout penſif.

LE BAILLIF.

C'eſt qu'il penſe beaucoup.

MATHURIN.

Maître Baillif,
Je penſe auſſi. Ce *nous verrons* m'aſſomme.
Quand on eſt près, *nous verrons* ! Ah ! quel homme !
Que je fis mal , ô Ciel ! quand je naquis
Chez mes parens ; de naître en ce païs!
J'aurais bien dû choiſir quelque Village
Où j'aurais pu contracter mariage

Tout uniment , comme cela fe doit ,
A mon plaifir , fans qu'un autre eût le Droit
De difpofer de moi-même à mon âge ,
Et de fourrer fon nez dans mon ménage.

LE BAILLIF,

C'eft pour ton bien.

MATHURIN.

Mon ami Baillival,
Pour notre bien on nous fait bien du mal.

Fin du troifieme Acte.

ACTE IV.

SCENE PREMIERE.

LE MARQUIS, *seul.*

Non, je ne perdrai point cette gageure.
Amoureux! moi! quel conte! Ah! je m'affure
Que fur foi-même on garde un plein pouvoir:
Pour être fage on n'a qu'à le vouloir.
Il eft bien vrai qu'Acante eft affez belle :
Et de la grace! Ah! nul n'en a plus qu'elle. . .
Et de l'efprit! Quoi! dans le fond des bois ,
Pour avoir vû Dormene quelquefois ,
Que de progrès! Qu'il faut peu de culture
Pour cultiver les dons de la Nature !
J'eftime Acante: oui, je dois l'eftimer :
Mais, grace au Ciel, je fuis très-loin d'aimer.
                    (*Il s'affied à une table.*)
Ah! refpirons. Voyons, fur toute chofe,
Quel plan de vie enfin je me propofe. —
De ne dépendre en ce lieu que de moi,
De n'en fortir que pour fervir mon Roi;
De m'attacher, par un fage hyménée ,
Une compagne agréable & bien née,
Pauvre de bien , mais riche de vertu ,

Dont la nobleſſe , & le ſort abattu
A mes bienfaits doivent des jours proſperes.
Dormene ſeule a tous ces caracteres :
Le Ciel pour moi la réſerve aujourd'hui.
Allons la voir. ——D'abord écrivons-lui
Un compliment. ——Mais que puis-je lui dire?
Acante eſt là * qui m'empêche d'écrire.
                    En ſe cognant le front avec la main.
Oui, je la vois. Comment la fuir ? Par où?
                    (Il ſe releve)
Qui ſe croit ſage , ô Ciel ! eſt-un grand fou.
Achevons donc. ——Je me vaincrai ſans doute.
                    (Il finit ſa lettre.)
Holà ! quelqu'un ! —— Je ſais bien qu'il en coûte.

SCENE II.

LE MARQUIS, UN DOMESTIQUE.

LE MARQUIS.

Tenez, portez cette Lettre à l'inſtant.

LE DOMESTIQUE.

Où ?

LE MARQUIS.

Chez Acante.

LE DOMESTIQUE.

Acante? Mais vraiment...

LE MARQUIS.

Je n'ai point dit Acante : c'eſt Dormene
A qui j'écris. — On a bien de la peine
Avec ſes gens. . . . Tout le monde en ces lieux
Parle d'Acante ; & l'oreille & les yeux
Sont remplis d'elle & brouillent ma mémoire.

SCENE III.

LE MARQUIS, DIGNANT, MADAME BERTHE, MATHURIN.

MATHURIN.

AH ! voici bien , pardienne , une autre hiſtoire !

LE MARQUIS.

Quoi ?

MATHURIN.

Pour le coup , c'eſt le Droit du Seigneur.
On m'a volé ma femme.

MADAME BERTHE.

Oui, votre honneur
Sera honteux de cette vilainie ;
Et je n'aurais pas cru cette infamie
D'un grand Seigneur ſi bon , ſi libéral.

LE MARQUIS.

Comment ? qu'eſt-il arrivé ?

MADAME BERTHE.

Bien du mal.

MATHURIN.

Vous le favez comme moi.

LE MARQUIS.

Parle, traître!

Parle.

MATHURIN.

Fort bien : vous vous fâchez, mon Maître.
Oh! c'eft à moi d'être fâché.

LE MARQUIS.

Comment ?

Explique-toi.

MATHURIN,

C'eft un enlevement.
Savez-vous pas qu'à peine chez fon pere
Elle arrivait pour finir notre affaire,
Quatre coquins, alertes, bien tournés,
Effrontément me l'ont prife à mon nez,
Tout en riant, & vîte l'ont conduite
Je ne fçais où ?

LE MARQUIS.

Qu'on aille à leur pourfuite.—
Holà ! Quelqu'un ! ne perdez-point de tems ;
Allez, courez ; que mes garces, mes gens
De tous côtés marchent en diligence.
Volez, vous dis-je ; &, s'il faut ma préfence,
J'irai moi-même.

Mde BERTHE.

Mde. B E R T H E, *à son mari.*

Il parle tout de bon,
Et l'on croirait, mon cher, à la façon
Dont Monseigneur regarde cette injure,
Que c'est à lui qu'on a pris sa Future.

LE MARQUIS.

Et vous, son père, & vous qui l'aimez tant,
Vous qui perdez une si chere enfant,
Un tel thréfor, un cœur noble, un cœur tendre,
Avez-vous pu souffrir, sans la défendre,
Que de vos bras on osât l'arracher ?
Un tel malheur semble peu vous toucher.
Que devient donc l'amitié paternelle ?
Vous m'étonnez.

DIGNANT.

Tout mon cœur est pour elle :
C'est mon devoir, & j'ai dû pressentir
Que, par votre ordre, on la faisait partir.

LE MARQUIS.

Par mon ordre ?

DIGNANT

Oui.

LE MARQUIS.

Quelle injure nouvelle !
Tous ces gens-ci perdent-ils la cervelle ?
Allez-vous-en, laissez-moi, sortez tous....
Ah ! s'il se peut, modérons mon courroux.
Non ; vous, restez.

MATHURIN.

Qui ? moi ?

LE MARQUIS, *à Dignant.*

Non ; vous, vous dis-je.

F

SCENE IV.

LE MARQUIS, *fur le devant*
DIGNANT, *au fond*.

LE MARQUIS.

JE vois d'où part l'attentat qui m'afflige
Le Chevalier m'avoit prefque promis
De fe porter à des coups fi hardis.
Il croit, au fond, que cette gentilleffe
Eft pardonnable au feu de fa jeuneffe.
Il ne fait pas combien j'en fuis choqué!
A quel excès ce fou-là m'a manqué!
Jufqu'à quel point fon procedé m'offenfe!
Il deshonore, il trahit l'innocence,
Il perd Acante; &, pour percer mon cœur,
Je n'ai paffé que pour fon raviffeur!
Un étourdi, que la débauche anime,
Me fait porter la peine de fon crime!
Voila le prix de mon affection
Pour un parent indigne de mon nom!
Il eft pêtri des vices de fon pere,
Il a fes traits, fes mœurs, fon caractère;
Il périra, malheureux comme lui.

Je le renonce, & je veux qu'aujourd'hui
Il soit puni de tant d'extravagance.

DIGNANT.

Puis-je, en tremblant, prendre ici la licence
De vous parler ?

LE MARQUIS.

Sans doute, tu le peux :
Parle-moi d'elle.

DIGNANT.

Au transport douloureux
Où votre cœur devant moi s'abandonne,
Je ne reconnais plus votre personne.
Vous avez lu ce qu'on vous a porté,
Ce gros paquet qu'on vous a présenté ?....

LE MARQUIS.

Eh ! mon ami, suis-je en état de lire ?

DIGNANT.

Vous me faites frémir.

LE MARQUIS.

Que veux-tu dire ?

DIGNANT.

Quoi ! ce paquet n'est pas encore ouvert ?

LE MARQUIS.

Non.

DIGNANT.

Juste-ciel ! Ce dernier coup me perd.

F ij

LE MARQUIS.

Comment ! j'ai cru que c'étoit un mémoire
De mes forêts.

DIGNANT.

Helas ! vous deviez croire
Que cet écrit était intéreffant.

LE MARQUIS.

Eh ! lifons vîte.—Une table à l'inftant.
Approchez donc cette table.

DIGNANT.

Ah ! mon maître,
Qu'aura-t-on fait ? & qu'allez-vous connaître ?

LE MARQUIS, *affis, examinant le paquet.*

Mais ce paquet, qui n'eft pas à mon nom,
Eft cacheté des fceaux de ma Maifon !

DIGNANT.

Oui.

LE MARQUIS.

Lifons donc.

DIGNANT.

Cet étrange myftere,
En d'autres tems, aurait de quoi vous plaire.
Mais à préfent il devient bien affreux.

LE MARQUIS *lifant.*

Je ne vois rien jufqu'ici que d'heureux.
Je vois d'abord que le Ciel la fit naître.

D'un fang illuftre, & cela devoit être.
Oui ; plus je lis, plus je bénis les Cieux.
Quoi! Laure a mis ce dépôt précieux
Entre vos mains? Quoi! Laure eft donc fa mere?
Mais pourquoi donc lui ferviez-vous de pere?
Indignement pourquoi la marier?

D I G N A N T.

J'en avais l'ordre, & j'ai dû vous prier
En fa faveur.

U N D O M E S T I Q U E.

En ce moment, Dormene
Arrive ici tremblante, hors d'haleine,
Fondante en pleurs : elle veut vous parler

L E M A R Q U I S.

Ah ! c'eft à moi de l'aller confoler.

S C E N E V.

LE MARQUIS, DIGNANT, DORMENE.

LE MARQUIS, *à Dormène qui entre.*

PArdonnez-moi, j'allais chez vous, Madame,
Mettre à vos pieds le courroux qui m'enflamme.
Acante.... A peine encor entré chez moi,
J'attendais peu l'honneur que je reçoi.

E iij

86 *LE DROIT DU SEIGNEUR,*

Une aventure affez defagréable
Me trouble un peu.—Que Gernance eft coupable!

DORMENE.

De tous mes biens , il me refte l'honneur ;
Et je ne doutais pas qu'un fi grand cœur
Ne refpeCtât le malheur qui m'opprime ,
Et d'un parent ne déreftât le crime.
Je ne viens point vous demander raifon
De l'attentat commis dans ma maifon.

LE MARQUIS.

Comment ! chez-vous ?

DORMENE.

C'eft dans ma maifon même
Qu'il a conduit le trifte objet qu'il aime.

LE MARQUIS.

Le traître !

DORMENE.

Il eft plus criminel cent fois
Qu'il ne croit l'être.—Helas ! ma faible voix ,
En vous parlant, expire dans ma bouche.

LE MARQUIS.

Votre douleur fenfiblement me touche ;
Daignez-parler, & ne redoutez rien.

DORMENE.

Apprenez donc.

SCENE VI.

LE MARQUIS , DORMENE , DIGNANT ;
Quelques DOMESTIQUES *entrent préci-*
pitamment avec MATHURIN.

MATHURIN.

Tout va bien, tout va bien.
Tout eſt en paix ; la femme eſt retrouvée.
Votre parent nous l'avait enlevée.
Il nous la rend ; c'eſt peut-être un peu tard.
Chacun ſon bien : Tudieu ! quel égrillard ?

LE MARQUIS, *à Dignant.*

Courez ſoudain recevoir votre fille.
Qu'elle demeure au ſein de ſa famille.
Veillez ſur elle : ayez ſoin d'empêcher
Qu'aucun mortel oſe s'en approcher.

MATHURIN.

Excepté moi.

LE MARQUIS.

Non ; l'ordre que je donne
Eſt pour vous même.

MATHURIN.

Ouais ! tout ceci m'étonne.

F iv.

LE MARQUIS.

Obéiffez.

MATHURIN.

Par ma foi, tous ces Grands
Sont, dans le fond, de bien vilaines gens.
Droit du Seigneur, femme que l'on enleve,
Défenfe à moi de lui parler.—Je creve.
Mais je l'aurai; car je fuis fiancé.
Confolons - nous : tout le mal eft paffé.

(Il fort.)

LE MARQUIS.

Elle revient : mais l'injure cruelle
Du Chevalier retombera fur elle.
Voilà le monde, & de tels attentats
Faits à l'honneur ne fe réparent pas.

(A Dormene.)

Eh ! bien, parlez ; parlez, daignez m'apprendre
Ce que je brule, & que je crains d'entendre.
Nous fommes feuls.

DORMENE.

Il le faut donc, Monfieur.
Apprenez-donc le comble du malheur.
C'eft peu qu'Acante en fecret étant née
De cette Laure, illuftre fortunée,
Soit, fous vos yeux, prête à fe marier
Indignement à ce riche Fermier ;
C'eft peu qu'au poids de fa trifte mifere
On ajoutât ce fardeau néceffaire :
Votre parent, qui voulait l'enlever ;
Votre parent, qui vient de nous prouver
Combien il tient de fon coupable pere ;
Gernance enfin....

LE MARQUIS.

Gernance ?

DORMENE.

Il est son frere.

LE MARQUIS.

Quel coup horrible! ô Ciel! qu'avez-vous dit?

DORMENE.

Entre vos mains vous avez cet écrit,
Qui montre assez ce que nous devons craindre.
Lisez, voyez combien Laure est à plaindre.

LE MARQUIS *lit.*

C'est ma parente ; & mon cœur est lié
A tous ses maux que sent mon amitié.
Elle mourra de l'affreuse aventure
Qui, sous ses yeux, outrage la Nature. ||

LE MARQUIS.

Ah ! qu'ai-je lû ! Que souvent nous voyons
D'affreux secrets dans d'illustres Maisons !
De tant de coups mon ame est oppressée !
Je ne vois rien, je n'ai plus de pensée.
Ah ! pour jamais il faut quitter ces lieux.
Ils m'étoient chers; ils me sont odieux.
Quel jour pour nous ! Quel parti dois-je prendre?
Le malheureux ose chez moi se rendre !
Le voyez-vous ?

DORMENE.

Ah ! Monsieur, je le voi,
Et je frémis.

LE MARQUIS.

Il paſſe, il vient à moi.
Daignez rentrer, Madame ; que ſa vûe
N'accroiſſe pas le chagrin qui vous tue.
C'eſt à moi ſeul de l'entendre, & je crois
Que ce ſera pour la derniere fois.
Sachons dompter le courroux qui m'anime.
          (*En regardant de loin.*)
Il ſemble, ô ciel ! qu'il connaiſſe ſon crime.
Que dans ſes yeux je lis d'égarement !
Ah ! l'on n eſt pas coupable impunément.
Comme il rougit ! comme il pâlit.— Le traître !
A mes regards il tremble de paraître.
C'eſt quelque choſe.
          (*Tandis qu'il parle, Dormene ſe retire en regar-*
          dant attentivement Gernance.)

SCENE VII.

LE MARQUIS, LE CHEVALIER.

LE CHEVALIER, *de loin ſe cachant le viſage.*

AH ! Monſieur.

LE MARQUIS.

                    Eſt ce vous,
Vous, malheureux ?
          LE CHEVALIER.
                    Je tombe à vos genoux.
          LE MARQUIS.
Qu'avez-vous fait ?
          LE CHEVALIER.
                    Une faute, une offenſe.

Dont je reſſens l'indigne extravagance,
Qui pour jamais m'a ſervi de leçon,
Et dont je viens vous demander pardon.

LE MARQUIS.

Vous, des remords ? Vous ? eſt-il bien poſſible ?

LE CHEVALIER.

Rien n'eſt plus vrai.

LE MARQUIS.

Votre faute eſt horrible
Plus que vous ne penſez : mais votre cœur
Eſt-il ſenſible à mes ſoins, à l'honneur,
A l'amitié ? vous ſentez-vous capable
D'oſer me faire un aveu véritable,
Sans rien cacher ?

LE CHEVALIER.

Comptez ſur ma candeur.
Je ſuis un libertin, mais point menteur ;
Et mon eſprit, que le trouble environne,
Eſt trop ému pour abuſer perſonne.

LE MARQUIS.

Je prétends tout ſçavoir.

LE CHEVALIER.

Je vous dirai
Que de débauche & d'ardeur enyvré,
Plus que d'amour, j'avais fait la folie
De dérober une fille jolie
Au poſſeſſeur de ſes jeunes appas,

Qu'à mon avis, il ne mérite pas.
Je l'ai conduite à la forêt prochaine,
Dans le Château de Laure & de Dormene.
C'est une faute, il est vrai, j'en convien :
Mais j'étais fou, je ne pensais à rien.
Cette Dormene, & Laure sa compagne,
Etaient encor bien loin dans la campagne :
En étourdi, je n'ai point perdu tems.;
J'ai commencé par des propos galans.
Je m'attendais aux communes allarmes,
Aux cris perçans, à la colere, aux larmes ;
Mais qu'ai-je oui ? la fermeté, l'honneur,
L'air indigné, mais calme avec grandeur.
Tout ce qui fait respecter l'innocence
S'armoit pour elle, & prenoit sa défense.
J'ai recouru, dans ces premiers momens,
A l'art de plaire, aux égards séduisans,
Aux doux propos, à cette déférence,
Qui fait souvent pardonner la licence.
Mais pour réponse, Acante, à deux genoux,
M'a conjuré de la rendre chez vous ;
Et c'est alors que ses yeux moins séveres.
Ont répandu des pleurs involontaires.

LE MARQUIS.

Que dites-vous ?

LE CHEVALIER.

                    Elle voulait en vain
Me le cacher de sa charmante main.
Dans cet état sa grace attendrissante
Enhardissait mon ardeur imprudente,
Et, tout honteux de ma stupidité,
J'ai voulu prendre un peu de liberté.
Ciel ! comme elle a tancé m'a hardiesse !

Oui, j'ai cru voir une chaste Déesse
Qui rejettait de son auguste autel,
L impur encens qu'offrait un criminel.

LE MARQUIS.

Ah ! poursuivez.

LE CHEVALIER.

Comment se peut-il faire
Qu'ayant vécu presque dans la misere,
Dans la bassesse, & dans l'obscurité,
Elle ait cet air & cette dignité,
Ces sentimens, cet esprit, ce langage,
Je ne dis pas au dessus du village,
De son état, de son nom, de son sang,
Mais convenable au plus illustre rang?
Non, il n est point de mere respectable
Qui, condamnant l'erreur d'un fils coupable,
Le rappellât avec plus de bonté
A la vertu dont il s'est écarté.
N'employant point l aigreur & la colere,
Fiere & décente, & plus sage qu'austere,
De vous surtout elle a parlé longtems......

LE MARQUIS.

De moi?......

LE CHEVALIER.

Montrant à mes égaremens
Votre vertu, qui devait, disait-elle,
Etre à jamais ma honte ou mon modele.
Tout interdit, plein d'un secret respect,
Que je n avais senti qu'à son aspect,
Je suis honteux, mes fureurs se captivent.

Dans ce moment les deux Dames arrivent,
Et me voyant maître de leur logis,
Avec Acante, & deux ou trois bandits,
D'un juste effroi leur ame s'est remplie;
La plus âgée en tombe évanouïe.
Acante en pleurs la presse dans ses bras;
Elle revient des portes du trépas.
Alors sur moi fixant sa triste vue,
Elle retombe, & s'écrie éperdue :
Ah ! je crois voir Gernance.— C'est mon fils,
C'est lui ,—je meurs. — A ces mots je frémis;
Et la douleur , l'effroi de cette Dame,
Au même instant ont passé dans mon ame.
Je tombe aux pieds de Dormene , & je sors
Confus, soumis, pénétré de remords.

LE MARQUIS.

Ce repentir , dont votre ame est saisie,
Charme mon cœur , & nous reconcilie.
Tenez, prenez ce paquet important ,
Lisez-le seul, pesez-le mûrement;
Et si pour moi vous conservez, Gernance ,
Quelque amitié, quelque condescendance,
Promettez-moi , lorsqu Acante en ces lieux
Pourra paraître à vos coupables yeux,
D'avoir sur vous un assez grand empire,
Pour lui cacher ce que vous allez lire.

LE CHEVALIER.

Oui , je vous le promets; oui.

LE MARQUIS.

Vous verrez

L'abîme affreux d'où vos pas sont tirés.

LE CHEVALIER.

Comment !

LE MARQUIS.

Allez ; vous tremblerez , vous dis-je.

S C E N E VIII.

LE MARQUIS, *feul.*

Quel jour pour moi ! Tout m'étonne & m'afflige!
La belle Acante eft donc de ma Maifon!
Mais la naiffance avait flétri fon nom ;
Son noble fang fut fouillé par fon pere ;
Rien n'eft plus beau que le nom de fa mere :
Mais ce beau nom a perdu tous fes droits,
Par un hymen que réprouvent nos loix.
La trifte Laure , ô penfée accablante !
Fut criminelle en faifant naître Acante.
Je le fais trop, l'hymen fut condamné ;
L'amant de Laure eft mort affaffiné.
De maux cruels quel tiffu lamentable!
Acante, hélas! n'en eft pas moins aimable,
Moins vertueufe : & je fais que fon cœur
Eft refpectable au fein du deshonneur ;
Il annoblit la honte de fes peres;
Et cependant, ô préjugés feveres !
O loi du monde ! injufte & dure loi!
Vous l'emportez....

SCENE IX.

LE MARQUIS, DORMENE.

LE MARQUIS.

Madame, inftruifez-moi.
Parlez, Madame, avez vous-vû fon frere ?

DORMENE.

Oui, je l'ai vû; fa douleur eft fincere.
Il eft bien étourdi; mais, entre nous,
Son cœur eft bon ; il eft conduit par vous.

LE MARQUIS.

Eh ! mais, Acante ?

DORMENE.

Elle ne peut connaître
Jufqu'à préfent le fang qui la fit naître.

LE MARQUIS.

Quoi ! fa naiffance illégitime !

DORMENE.

Hélas!
Il eft trop vrai.

LE MARQUIS.

Non, elle ne l'eft pas.

DORMENE.

Que dites-vous ?

LE MARQUIS, *relifant un papier qu'il a gardé.*
Sa mere étoit fans crime;

Sa

Sa mere , au moins, crut l'hymen légitime.
On la trompa, son destin fut affreux.
Ah ! quelquefois le Ciel moins rigoureux
Daigne approuver ce qu'un monde profane ,
Sans connaissance , avec fureur condamne.

DORMENE.

Laure n'est point coupable , & ses parens
Se sont conduits avec elle en tyrans.

LE MARQUIS,

Mais marier sa fille en un Village !
Au plus beau sang faire un pareil outrage !

DORMENE.

Elle est sans bien ; l'âge, la pauvreté,
Un long malheur abaissent la fierté.

LE MARQUIS.

Elle est sans bien ! votre noble courage
La recueillit.

DORMENE.

Sa misere partage
Le peu que j'ai.

LE MARQUIS.

Vous trouvez le moyen ,
Ayant si peu, de faire encor du bien.
Riches & Grands, que le monde contemple ,
Imitez donc un si touchant exemple.
Nous contentons à grands frais nos desirs ;
Sachons goûter de plus nobles plaisirs.

G

Quoi ! pour aider l'amitié, la misere,
Dormene a pû s'ôter le néceffaire;
Et vous n'ôfez donner le fuperflu.
O jufte Ciel ! qu'avez vous refolu ?
Que faire enfin ?

DORMENE.

Vous êtes jufte & fage.
Votre famille a fait plus d'un outrage
Au fang de Laure, & ce fang généreux
Fut par vous feuls jufqu'ici malheureux.

LE MARQUIS.

Comment ? Comment ?

DORMENE.

Le Comte votre pere,
Homme inflexible en fon humeur févere,
Opprima Laure, & fit par fon crédit
Caffer l'hymen; & c'eft lui qui ravit
A cette Acante, à cette infortunée,
Les nobles droits du fang dont elle eft née.

LE MARQUIS.

Ah ? C'en eft trop. —Mon cœur eft ulceré.
Oui, c'eft un crime.— Il fera reparé,
Je vous le jure.

DORMENE.

Et que voulez-vous faire ?

LE MARQUIS.

Je veux,.....

DORMENE.

Quoi donc ?

LE MARQUIS.

Mais, —lui ſervir de pere.

DORMENE.

Elle en eſt digne.

LE MARQUIS.

Oui : —mais je ne dois pas
Aller trop loin.

DORMENE.

Comment! trop loin ?

LE MARQUIS.

Helas !....

Madame, un mot : conſeillez-moi de grace ;
Que feriez-vous, s'il vous plaît, à ma place ?

DORMENE.

En tous les tems je me ferais honneur
De conſulter votre eſprit, votre cœur.

LE MARQUIS.

Ah ! ....

DORMENE.

Qu'avez vous ?

LE MARQUIS.

Je n'ai rien.—Mais Madame,
En quel état eſt Acante ?

DORMENE.

Son ame
Eſt dans le trouble, & ſes yeux dans les pleurs.

G ij

LE MARQUIS.

Daignez m'aider à calmer ſes douleurs.
Allons , j'ai pris mon parti je vous laiſſe :
Soyez ici ſouveraine maîtreſſe,
Et pardonnez à mon eſprit confus,
Un peu chagrin, mais plein de vos vertus.

(*Il ſort.*)

SCENE X.

DORMENE, *ſeule*.

Dans cet état quel chagrin peut le mettre ?
Qu'il eſt troublé ! j'en juge par ſa lettre.
Un ſtile aſſez confus , des mots rayés,
De l'embarras , d'autres mots oubliés ;
J'ai lu pourtant le mot de mariage,
Dans le pays il paſſe pour très-ſage.
Il veut me voir ; me parler , & ne dit
Pas un ſeul mot, ſur tout ce qu'il m'écrit !
Et pour Acante il paraît bien ſenſible !
Quoi ! Voudrait-il ?—Cela n'eſt pas poſſible.
Aurait-il eu d'abord quelque deſſein
Sur ſon parent ? Demandait-il ma main ?
Le Chevalier jadis m'a courtiſée ,
Mais qu'eſperer de ſa tête inſenſée ?
L'amour encor n'eſt point connu de moi ;
Je dus toujours en avoir de l'effroi,
Et le malheur de l'autre eſt un exemple
Qu'en fremiſſant tous les jours je contemple :
Il m'avertit d'éviter tout lien :
Mais qu'il eſt triſte , ô ciel ! de n'aimer rien !

Fin du quatrieme Acte.

ACTE V.

SCENE PREMIERE.

LE MARQUIS, LE CHEVALIER.

LE MARQUIS.

FAisons la paix, Chevalier, je confeſſe
Que tout mortel eſt paîtri de faibleſſe,
Que le ſage eſt peu de choſe ; entre nous,
J'étais tout prêt de l'être moins que vous.

LE CHEVALIER.

Vous avez donc perdu votre gageure ?
Vous aimez donc ?

LE MARQUIS.

Oh ! non, je vous le jure :
Mais par l'hymen tout prêt de me lier,
Je ne veux plus jamais me marier.

LE CHEVALIER.

Votre inconſtance eſt étrange & ſoudaine.
Paſſe pour moi : mais que dira Dormene ?
N'a-t elle pas certains mots par écrit,
Où par hazard le mot d'hymen ſe lit ?

G iij

LE MARQUIS.

Il est trop vrai ; c'est-là ce qui me gêne.
Je prétendais m'imposer cette chaîne ;
Mais à la fin, m'étant bien consulté,
Je n'ai de goût que pour la liberté.

LE CHEVALIER.

La liberté d'aimer ?

LE MARQUIS.

Eh ! bien , si j'aime,
Je suis encor le maître de moi-même,
Et je pourrai réparer tout le mal ;
Je n'ai parlé d'hymen qu'en général,
Sans m'engager, & sans me compromettre ;
Car en effet si j'avais pu promettre,
Je ne pourrais balancer un moment.
A gens d'honneur promesses sont serment :
Cher Chevalier, j'ai conçu dans ma tête
Un beau dessein qui paraît fort honnête,
Pour me tirer d'un pas embarrassant ;
Et tout le monde ici sera content.

LE CHEVALIER.

Vous moquez-vous ? contenter tout le monde,
Quelle folie !

LE MARQUIS,

En un mot si l'on fronde
Mon changement, j'ose espérer au moins
Faire approuver ma conduite & mes soins.
Colette vient par mon ordre, on l'appelle ;
Je vais l'entendre , & commencer par elle.

SCÈNE II.

LE MARQUIS, LE CHEVALIER, COLETTE.

LE MARQUIS.

Venez, Colette.

COLETTE.

Oh ! j'accours , Monseigneur ;
Prefte en tout tems & toûjours de grand cœur.

LE MARQUIS.

Voulez-vous être heureufe ?

COLETTE.

Oui , fur ma vie :
N'en doutez pas , c'eft ma plus forte envie.
Que faut-il faire ?

LE MARQUIS.

En voici le moyen.
Vous voudriez un Epoux & du bien ?

COLETTE.

Oui , l'un & l'autre.

LE MARQUIS.

Eh ! bien donc, je vous donne
Giv

Trois mille francs pour la dot , & j'ordonne
Que Mathurin vous époufe aujourd'hui.

COLETTE.

Ou Mathurin, ou tout autre que lui,
Qui vous voudrez, j'obéïs fans réplique.
Trois mille franc ! Ah ! l'homme magnifique!
Le beau préfent! que Monfeigneur eft bon!
Que Mathurin va bien changer de ton !
Qu'il va m'aimer ! que je vais être fiere!
De ce pays je ferai la premiere ,
Je meurs de joie.

LE MARQUIS.

         Et j'en reffens auffi
D'avoir déjà pleinement réuffi :
L'une des trois eft dèjà fort contente ;
Tout ira bien.

COLETTE.

         Et mon amie Acante
Que devient elle ? on va la marier,
A ce qu'on dit , à ce beau Chevalier.
Tout le monde eft heureux : j'en fuis charmeé,
Ma chere Acante.

LE CHEVALIER, *regardant le Marquis.*

         Elle doit être aimée ,
Et le fera.

LE MARQUIS, *au Chevalier.*

         La voici, je ne puis
La confoler en l'état où je fuis.
Venez, je vais vous dire ma penfée.
           (*Ils fortent.*)

S C E N E I I I.

ACANTE, COLETTE.

COLETTE.

M A chere Acante, on t'avait fiancée :
Moi déboutée, on me marie.

ACANTE.

A qui?

COLETTE.

A Mathurin.

ACANTE.

Le ciel en soit béni.

Et depuis quand?

COLETTE.

Eh! depuis tout à l'heure.

ACANTE.

Comment cela?

COLETTE.

Du fond de ma demeure,
J'ai comparu devant mon bon Seigneur.
Ah! la belle ame! ah! qu'il est plein d'honneur!

ACANTE.

Il l'est sans doute.

COLETTE.

Oui, mon aimable Acante,
Il m'a promis une dot opulente,
Fait ma fortune, & tout le monde dit
Qu'il fait la tienne, & l'on s'en réjouït,
Tu vas, dit-on, devenir Chevaliere :
Cela te fied, car ton allure eft fiere.
On te fera Dame de qualité,
Et tu me recevras avec bonté.

ACANTE.

Ma chere enfant, je fuis fort fatisfaite
Que ta fortune ait été fitôt faite :
Mon cœur reffent tout ton bonheur. —Hélas!
Elle eft heureufe, & je ne le fuis pas.

COLETTE.

Que dis-tu là ? qu'as-tu donc dans ton ame ?
Peut-on fouffrir quand on eft grande Dame ?

ACANTE.

Va, ces Seigneurs qui peuvent tout ôfer,
N'enlevent point, crois-moi, pour époufer.
Pour nous, Colette, ils ont des fantaifies,
Non de l'amour : leurs demandes hardies,
Leurs procédés montrent avec éclat
Tout le mépris qu'ils font de notre état.
C'eft le dédain qui me met en colere.

COLETTE.

Bon! des dédains! c'eft bien tout le contraire,
Rien n'eft plus beau que ton enlevement.
On t'aime, Acante, on t'aime affurément,

Le Chevalier va t'époufer, te dis je,
Tout grand Seigneur qu'il eft. — Cela t'afflige?

ACANTE.

Mais Monfeigneur le Marquis qu'a-t-il dit?

COLETTE.

Lui? rien du tout.

ACANTE.

Hélas!

COLETTE.

C'eft un efprit
Tout en dedans, fecret, plein de miftère;
Mais il parait fort approuver l'affaire.

ACANTE.

Du Chevalier je détefte l'amour.

COLETTE.

Oui! oui! plains-toi de te voir, en un jour,
De Mathurin pour jamais délivrée,
D'un beau Seigneur pourfuivie, adorée:
Un mariage en un moment caffé,
Par Monfeigneur un autre commencé.
Si cet Amant n'a pas de quoi te plaire,
Tu me parais difficile, ma chere. —
Tiens, le vois-tu, celui qui t'enleva?
Il vient à toi; n'eft-ce rien que cela?
T'ai-je trompée? Es-tu donc tant à plaindre?

ACANTE.

Allons, fuyons.

SCENE IV.

ACANTE, COLETTE, LE CHEVALIER.

LE CHEVALIER.

Demeurez, fans rien craindre.
Le Marquis veut que e fois à vos pieds.

COLETTE, *à Acante.*

Qu'avais- e dit ?

LE CHEVALIER, *à Acante.*

Eh ! quoi, vous me fuyez !

ACANTE.

Ofez-vous bien paraître en ma préfence ?

LE CHEVALIER.

Oui, vous devez oublier mon offenfe ;
Par moi, vous dis- e, il veut vous confoler.

ACANTE.

J'aimerais mieux qu'il daignât me parler.
(*A Colette qui veut s'en aller.*)
Ah ! refte ici : ce raviffeur m'accable.

COLETTE.

Ce raviffeur eft pourtant fort aimable.

LE CHEVALIER, *à Acante.*

Confervez-vous au fond de votre cœur
Pour ma perfonne une invincible horreur?

ACANTE.

Vous devez être en horreur à vous-même.

LE CHEVALIER.

Oui, 'e le fuis : mais mon remords extrême
Répare tout & doit vous appaifer.
Ma folle erreur avait pu m'abufer ;
Je fus furpris par une indigne fláme,
Et m n devoir m'amene ici, Madame.

ACANTE.

Madame, à moi ! Quel nom vous me donnez !
Je fçais l'état ou mes parens font nés.

COLETTE.

Madame !—Oh ! oh ! quel eft donc ce langage?

ACANTE.

Ceffez , Monfieur : ce titre eft un outrage :
C'eft s'avilir que d'ofer recevoir
Un faux honneur qu'on ne doit point avoir ;
Je fuis Acante, & mon nom doit fuffire ;
Il eft fans tache.

LE CHEVALIER.

    Ah ! que puis-je vous dire ?
Ce nom m'eft cher : allez, vous oublierez
Mon attentat quand vous me connaîtrez ;
Vous trouverez très-bon que je vous aime.

A C A N T E.

Qui ? moi Monfieur !

COLETTE, *à Acante.*

C'eft fon remords extrême.

LE CHEVALIER.

N'en riez point, Colette : je prétends
Qu'elle ait pour moi les plus purs fentimens.

A C A N T E.

Je ne fcais pas quel deftin vous anime ;
Mais commencez par avoir mon eftime.

LE CHEVALIER.

C'eft le feul but que j'aurai déformais ;
J'en ferai digne, & je vous le promets.

A C A N T E.

Je le défire, & me plais à vous croire ;
Vous êtes né pour connaître la gloire :
Mais ménagez la mienne & me laiffez.

LE CHEVALIER.

Non, c'eft en vain que vous vous offenfez.
Je ne fuis point amoureux, je vous jure :
Mais je prétends refter.

COLETTE.

Bon ! double injure.
Cet homme eft fou ; je l'ai penfé toujours.

Dormene vient, ma chere, à ton secours.
Demêle toi de cette grande affaire :
Ou donne grace, ou garde ta colere ;
Ton rôle est beau, tu fais ici la loi,
Tu vois les Grands à genoux devant toi.
Pour moi je suis condamnée au Village.
On ne m'enleve point, & j'en enrage.
Cn vient, adieu : suis ton brillant destin ;
Et je retourne à mon gros Mathurin.

(*Elle sort.*)

SCENE V.

ACANTE, LE CHEVALIER, DORMENE, DIGNANT.

ACANTE.

Hélas! Madame, une fille perdue,
En rougissant, parait à votre vue ;
Pourquoi faut-il, pour combler ma douleur,
Que l'on me laisse avec mon ravisseur ?
Et vous aussi, vous m'accablez, mon pere.
A ce méchant au lieu de me soustraire,
Vous m'amenez vous-même dans ces lieux.
Je l'y revois : mon maître fuit mes yeux.
Mon pere, au moins, c'est en vous que j'espere.

DIGNANT.

O cher objet, vous n'avez plus de pere.

ACANTE.

Que dites-vous ?

DIGNANT.

Non, je ne le fuis pas.

DORMENE.

Non, mon enfant, de fi charmans appas
Sont nés d'un fang dont vous êtes plus digne ;
Préparez-vous au changement infigne
De votre fort, & furtout pardonnez
Au Chevalier.

ACANTE.

Moi, Madame !

DORMENE.

Apprenez,
Ma chere enfant, que Laure eft votre mere.

ACANTE.

Elle ? —Eft-il vrai ?

DORMENE,

Gernance eft votre frere.

LE CHEVALIER.

Oui, je le fuis, oui ; vous êtes ma fœur,

ACANTE.

Ah ! je fuccombe ; hélas ! eft-ce un bonheur ?

LE CHEVALIER.

Il l'eft pour moi.

ACANTE.

ACANTE.

De Laure je suis fille !
Et pourquoi donc faut-il que ma famille
M'ait tant caché mon état & mon nom ?
D'où peut venir ce fatal abandon ?
D'où vient qu'enfin daignant me reconnaître
Ma mere ici na point osé paraître ?
Ah ! s'il est vrai que le sang nous unit,
Sur ce mystere éclairez mon esprit.
Parlez, Monsieur, & dissipez ma crainte.

LE CHEVALIER.

Ces mouvemens dont vous êtes atteinte
Sont naturels, & tout vous sera dit.

DORMENE.

Dans ce moment, Acante, il vous suffit
D'avoir connu quelle est votre naissance.
Vous me devez un peu de confiance.

ACANTE.

Laure est ma mere, & je ne la vois pas !

LE CHEVALIER.

Vous la verrez : vous serez dans ses bras.

DORMENE.

Oui, cette nuit je vous mene auprès d'elle.

ACANTE.

J'admire en tout ma fortune nouvelle.
Quoi ! j'ai l'honneur d'être de la Maison
De Monseigneur ?

H

LE CHEVALIER.

Vous honorez son nom

ACANTE.

Abusez-vous de mon esprit credule,
Et voulez-vous me rendre ridicule?
Moi de son sang! Ah! s'il était ainsi,
Il me l'eût dit : e le verrais ici.

DIGNANT.

Il m'a parlé.— Je ne sais quoi l'accable.
Il est saisi d'un trouble inconcevable.

ACANTE.

Ah! je le vois.

SCENE DERNIERE.

ACANTE, DORMENE, DIGNANT, LE CHEVALIER, LE MARQUIS, *au fond.*

LE MARQUIS, *au Chevalier.*

IL ne sera pas dit
Que cet enfant ait troublé mon esprit.
Bientôt l'absence affermira mon ame.
                    (*Appercevant Dormene.*)
Ah! pardonnez : vous etiez là, Madame?

LE CHEVALIER.

Vous paraissez étrangement ému!

LE MARQUIS.

Moi ? point du tout. Vous serez convaincu
Qu'avec sang froid je regle ma conduite.
De son destin Acante est-elle instruite ?

ACANTE.

Quel qu'il puisse être, il passe mes souhaits.
Je dépendrai de vous plus que jamais.

LE MARQUIS.

Permets , ô Ciel ! qu'ici je puisse faire
Plus d'un heureux.

LE CHEVALIER.

C'est une grande affaire.
Je ferai , moi , tout ce que vous voudrez ;
Je l'ai promis.

LE MARQUIS.

Que vous m'obligerez
(à Dormene.)

Belle Dormene , oubliez-vous l'offense
L'égarement du coupable Gernance ?

DORMENE.

Oui , tout est réparé.

LE MARQUIS.

Tout ne l'est pas.
H ij

Votre grand nom, vos vertueux appas
Sont maltraités par l'aveugle fortune.
Je le sais trop ; votre ame non commune
N'a pas de quoi suffire à vos bienfaits ;
Votre destin doit changer désormais.
Si j'avais pû d'un heureux mariage
Choisir pour moi l'agréable esclavage,
C'eût été vous (& je vous l'ai mandé)
Pour qui mon cœur se serait décidé.
Voudriez-vous, Madame, qu'à ma place
Le Chevalier, pour mieux obtenir grace,
Pour devenir à jamais vertueux,
Prît avec vous d'indissolubles nœuds ?
Le meilleur frein pour ses mœurs, pour son âge,
Est une epouse aimable, noble & sage.
Daignerez vous accepter un Château
Environné d'un domaine assez beau ?
Pardonnez-vous cette offre ?

DORMENE.

Ma surprise
Est si puissante, à tel point me maitrise,
Que ne pouvant encor me déclarer ;
Je n'ai de voix que pour vous admirer.

LE CHEVALIER.

J'admire aussi : mais je fais plus, Madame,
Je vous soumets l'empire de mon ame.
A tous les deux je devrai mon bonheur.
Mais seconderez-vous mon bienfaiteur !

DORMENE.

Consultez-vous, méritez mon estime,
Et les bienfaits de ce cœur magnanime.

LE MARQUIS

Et .... Vous, Acante.....

ACANTE

Hé bien ! mon Protecteur?....

LE MARQUIS *à part.*

Pourquoi tremblé-je en parlant ?

ACANTE.

Quoi ? Monsieur....

LE MARQUIS.

Acante, vous qui venez de renaître,
Vous qu'une mere ici va reconnaître,
Vivez prés d'elle; & de ses tristes jours
Adouciffez & prolongez le cours.
Vous commencez une nouvelle vie,
Avec un per , une mere, une amie;
Je veux... — Souffrez qu'à votre mere, à vous,
Je faffe un fort indépendant & doux.
Votre fortune, Acante, est affurée,
L'acte est paffé: vous vivrez honorée;
Riche, contente, autant que je le peux.
J'aurais voulu... Mais goûtez toutes deux,
Dormene & vous, les douceurs fortunées
Que l'amitié donne aux ames bien nées.
Un autre bien que le cœur peut fentir
Est dangereux. — Adieu, je vais partir.

LE CHEVALIER.

Eh quoi ! ma fœur , vous n'êtes point contente!
Quoi ! vous pleurez !

A C A N T E.

Je fuis reconnaiffante,

Je fuis confufe.—Ah ! c'en eft trop pour moi,
Mais j'ai perdu plus que je ne reçoi ;
Et ce n'eft pas la fortune que j'aime.
Mon état change, & mon ame eft la même ;
Elle doit être à vous.—Ah ! permettez
Que, le cœur plein de vos rares bontés,
J'aille oublier ma premiere mifere,
J'aille pleurer dans le fein de ma mere.

LE MARQUIS.

De quel chagrin vos fens font agités ?
Qu'avez-vous donc ? Qu'ai-je fait ?

A C A N T E.

Vous partez.

D O R M E N E.

Ah ! qu'as-tu dit ?

A C A N T E.

La verité, Madame.

La verité plaît à votre belle ame.

LE MARQUIS.

Non, c'en eft trop pour mes fens éperdus.
Acante !

A C A N T E.

Hélas ! . . . .

LE MARQUIS.

Ne partirai-je plus ?

LE CHEVALIER.

Mon cher parent, de Laure elle eſt la fille ;
Elle retrouve un frere, une famille ;
Et moi je trouve un mariage heureux.
Mais je vois bien que vous en ferez deux.
Vous payerez ; la gageure eſt perdue.

LE MARQUIS.

Je vous l'avoue. — Oui, mon ame eſt vaincue.
Dormene & Laure, Acante, & vous & moi,
(*à Acante.*)
Soyons heureux.—Oui,—recevez ma foi,
Aimable Acante ; allons, que je vous mene
Chez votre mere :— elle ſera la mienne ;
Elle oubliera pour jamais ſon malheur.

ACANTE.

Ah ! je tombe à vos pieds. . . .

LE CHEVALIER.

Allons, ma ſœur,
Je fus bien fou : ſon cœur fut inſenſible;
Mais on n'eſt pas toujours incorrigible.

F I N.

www.ingramcontent.com/pod-product-compliance
Lightning Source LLC
Chambersburg PA
CBHW060606100426
42744CB00008B/1336